政府和社会资本合作（PPP）项目绩效评价参考指南（试行）

ZHENGFU HE SHEHUI ZIBEN HEZUO (PPP) XIANGMU
JIXIAO PINGJIA CANKAO ZHINAN (SHIXING)

中国招标投标协会　编著

中国计划出版社
北　京

图书在版编目（CIP）数据

政府和社会资本合作（PPP）项目绩效评价参考指南 ： 试行 / 中国招标投标协会编著. -- 北京 ： 中国计划出版社, 2022.12
ISBN 978-7-5182-1500-3

Ⅰ. ①政… Ⅱ. ①中… Ⅲ. ①政府投资一合作一社会资本一经济评价一中国一指南 Ⅳ. ①F832.48-62 ②F124.7-62

中国版本图书馆CIP数据核字(2022)第241155号

责任编辑：张文征　　封面设计：韩可斌
责任校对：杨奇志　谭佳艺　　责任印制：李　晨　王亚军

中国计划出版社出版发行
网址：www.jhpress.com
地址：北京市西城区木樨地北里甲11号国宏大厦C座3层
邮政编码：100038　电话：(010) 63906433 (发行部)
北京市科星印刷有限责任公司印刷

880mm×1230mm　1/16　5.5印张　110千字
2022年12月第1版　2022年12月第1次印刷

定价：66.00元

编审委员会

编 制 单 位

使用说明

一、编制背景和依据

近年来，政府和社会资本合作（PPP）模式在我国基础设施和公共服务领域广泛应用，随着PPP项目不断推进，大量项目进入建设、运营阶段。实践中需要规范PPP项目全生命周期绩效评价工作，全面、准确、客观、有效、及时地评价项目公司（社会资本）[1]在合作期内的建设、运营维护工作效果，激励与约束其按照相关规范、指标及PPP项目合同中的约定，提供相应的建设、运营、维护、管理服务，实现激励相容，推动PPP项目的建设、运营、维护和管理服务水平提升，保障合作各方合法权益。

根据《政府投资条例》（国务院令第712号）、《国务院办公厅转发财政部发展改革委人民银行关于在公共服务领域推广政府和社会资本合作模式指导意见的通知》（国办发〔2015〕42号）、《国家发展改革委关于切实做好传统基础设施领域政府和社会资本合作有关工作的通知》（发改投资〔2016〕1744号）、《政府和社会资本合作（PPP）项目绩效管理操作指引》（财金〔2020〕13号）等文件精神，制定《政府和社会资本合作（PPP）项目绩效评价参考指南（试行）》（以下简称"本指南"）。

二、适用领域和范围

本指南重在指导建立有针对性的绩效评价体系，分析具体行业绩效评价的重点难点并提供解决方案，适用于尚在准备阶段的项目。对于已进入执行阶段的项目，可在合作各方达成一致的前提下，对项目合同中约定的绩效评价体系等条款参照本指南进行补充和完善。

[1] 参照《政府和社会资本合作（PPP）项目绩效管理操作指引》（财金〔2020〕13号）第十一条，未设立项目公司时为社会资本，本指南统称"项目公司（社会资本）"。

本指南并非强制性标准要求，而是引导性范式，旨在为PPP项目绩效评价实践提供基础性、原则性、普适性的方法与路径。本指南适用于在基础设施和公共服务领域采用PPP模式规范实施的各类项目，基础设施和公共服务领域包括能源、交通运输、水利建设、生态建设和环境保护、农业、林业、市政工程、科技、医疗卫生、养老、教育、文化、体育、旅游、城镇综合开发、保障性安居工程、社会保障、政府基础设施等。

虽然本指南着重于指导PPP项目的实践应用，但本指南提供的方法思路和解决路径也适用于其他合同安排的项目。

三、编制原则和目的

（一）强化产出，效果导向

在PPP项目绩效评价中应当更加关注PPP项目的实施效果，强化对PPP项目产出效果的评价。本指南聚焦绩效评价体系的研究，旨在引导PPP项目构建能够真实全面反应项目产出效果的绩效评价体系，并应用于评价活动中，使得对项目产出效果的评价能够更加清晰，落实按效付费的依据能够更加充分、全面。

（二）中观视角，行业参考

按照“宏观定方向、中观出策略、微观找方法”的理念，本指南定位于从中观视角出发，发挥在绩效评价理论与项目实操之间的桥梁作用，选择具有代表性的行业进行重点分析，并为其他行业提供参考。

（三）突出重点，指导实践

以部分常见行业为依托，选择绩效评价过程中的重点难点并制订解决方案，为绩效评价的实际操作提供指导。目的在于说明PPP项目绩效评价工作的有关程序、内容和方法，推动PPP项目科学化、规范化管理，提高项目产出效益。

（四）落脚案例，问题导向

通过梳理典型案例，总结经验，“从项目中来，到项目中去”，使本指南更好地帮助

PPP项目完成全生命周期绩效管理工作，并有效实现绩效提升。

本指南由中国招标投标协会负责管理和解释，作为首次发布的试行版，将不断征集意见和建议，并适时进行修订和完善。社会各界在使用过程中如有意见或建议，欢迎寄送至中国招标投标协会，以供修订时参考。

目　录

第一章　PPP项目绩效评价综述

绩效评价是绩效管理的核心环节。正确理解绩效管理的内容，对建立绩效监测与评价体系、指导开展绩效评价工作至关重要。本章阐释了绩效管理和绩效评价的关系，只有把绩效评价置于绩效管理整个系统，才能真正地实现绩效评价的价值和作用。

一、绩效管理

绩效包含过程有效性和结果有效性两个方面，“以结果为导向”的绩效管理希望通过对项目结果和过程进行反馈和控制，以实现向社会提供满意的基础设施和公共服务的最终目的，不仅强调结果，也重视达成预期目标的过程。财政部在《政府和社会资本合作（PPP）项目绩效管理操作指引》（财金〔2020〕13号）中将PPP项目绩效管理定义为“在PPP项目全生命周期开展的绩效目标和指标管理、绩效监控、绩效评价及结果应用等项目管理活动”。

与传统预算支出管理聚焦于政府内部、通过控制投入来管理产出的理念不同，强调“以结果为导向”的绩效管理在PPP项目管理中应用的经济合理性在于它体现了PPP模式所强调的“基于产出付费”的合同管理理念，在赋予合作伙伴经营自主权的同时，也为其提供了与政府绩效目标一致的效果导向。只有把绩效评价置于绩效管理整个系统之中，并基于评价结果进行相应的改进才能有效地实现绩效管理的最终目标。

二、绩效评价

（一）PPP项目绩效评价定义

绩效评价是整个绩效管理系统的一个核心环节。本指南对PPP项目绩效评价给出了一个宽泛的定义。

PPP项目绩效评价是指，根据项目准备阶段设定的，并作为采购阶段合同构成的绩效指标和绩效评价体系，在项目执行阶段，按照规范的程序和科学有效的方法，对PPP项目的“活动”和“结果”定期或不定期进行的系统、客观的测量、分析和评判，旨在强化项目各参与方的责任、提高公共产品和服务的质量和效益。

但需要指出，在绩效评价过程中所依据的指标或要求，应至少满足国家法律、法规、政策和行业标准，在此基础上，再考虑项目特点、市场情况、政企诉求、公众需求和地区同类项目惯例等。

（二）绩效评价的性质与内涵

不同于传统的预算支出绩效管理，PPP项目绩效管理从对投入的严格监管转向对项目产出和效果的关注，贯穿项目的全生命周期。其中，PPP项目绩效评价是对项目实施过程及实施结果定期或不定期进行的一种独立、系统的评价，需要从投入、活动到产出和效果的各个环节的实际情况来综合判断项目是否正在按照预期实施，兼具了过程评价和总结性评价的特点。三种不同类型的评价见表1–1。

表1–1　三种不同类型的评价

前瞻性评价（Prospective evaluation）	过程评价（Formative evaluation）	总结性评价（Summative evaluation）
· 一般在项目实施前进行，有时也被称为事前评价 · 主要评价所建议的项目的可能后果 · 旨在分析项目成功的可能性、预见成本以及分析备选方案	· 绝大多数是在项目的执行阶段进行，也被称为事中评价 · 主要是对项目执行方式的评价，并界定执行过程中产生的直接结果（即产出） · 评价内容涵盖投入和产出，也可能包含短期效果 · 注重项目、计划和政策的执行和改进 · 主要作用在于“学习”	· 一般在项目完成后进行，也被称为结果或影响评价 · 主要评价项目预期结果的实现程度 · 评价范围主要包括中短期成效和长期影响 · 注重相关性、绩效、影响、可持续性、外部效用以及经验教训 · 主要作用在于促进“问责”

资料来源：琳达·G.莫拉·伊玛斯，雷·C.瑞斯特.通向结果之路：有效发展评价的设计与实施［M］.李扣庆，等译.经济科学出版社，2011.

与绩效监控不同，绩效评价包含了“价值判断”的概念（见表1–2）。通过评价可以帮助政府部门和项目公司（社会资本）及时了解项目活动是否达到了预期的目标，但其更大的价值在于发现“计划”与“结果”之间的不一致，尤其是项目执行中存在的突出问题，并指导政府部门和项目公司（社会资本）及时采取措施，真正地将公共项目产品与其所提供的公共服务相联系。

表1-2　绩效监控与绩效评价

绩效监控（Performance monitoring）	绩效评价（Performance evaluation）
收集项目活动、产出和结果方面的信息，衡量项目绩效	
· 日常的、持续的、不间断的 · 内部活动 · 只能描述正在被测量的项目的绩效，但不能解释原因和各阶段绩效产生变化的原因 · 向项目管理人员持续反馈进展情况，以改进绩效	· 阶段性的，有时间限制 · 既可以由内部实施，也可以由外部实施，或者共同参与 · 通过对绩效数据的分析，判断项目活动是否实现预期目标，并解释项目按照当前趋势变化的原因和方式 · 强调主要成就或计划目标，并提出改进建议，是按效付费、落实整改、监督问责的重要依据

三、绩效评价的目的和作用

绩效评价的目的是组织和开展绩效评价工作的出发点与指向针，它决定绩效评价体系的要素构成与变化。

通常认为，PPP项目绩效评价的作用有四个："按效付费""落实整改""监督问责""行为引导"。

1.按效付费

基于产出付费是PPP模式的典型特征，在"建立完全与项目产出绩效相挂钩的付费机制"的PPP项目中，绩效评价的一个重要作用是衡量项目公司（社会资本）在多大程度按照具体的标准及合同实施项目。事实上，基于绩效的付费机制强调了项目公司（社会资本）为了达到预期目标应承担的责任，同时也创造了一种增强项目公司（社会资本）为公众服务的责任感的激励。

2.落实整改

PPP项目绩效评价的一个关键作用是通过对事先设定的目标完成情况跟踪，及时查找项目执行过程中的薄弱环节并及时纠正偏差，从而达到提高公共产品质量和公共服务水平的目的，这种主动的和更具战略性的方法更能带来长期的效益。这也意味着PPP项目绩效评价不但要观察项目实际产生的结果是否与预期目标相符合，还必须对产生绩效偏差的具体原因进行分析并提供信息反馈，这也是绩效评价区别于绩效监控的一个显著特征，更是绩效评价工作的价值体现。

3.监督问责

支持和加强绩效问责通常都被视为促使公共部门对资源使用负责，进而提高公共服务质量和效率的一个手段，也是绩效评价的一项基本职能。问责的主要目的是通过向社会公众和关键利益相关方解释和说明项目实施及结果达成情况，以提高PPP项目的透明度，加强政府和项目公司（社会资本）及社会公众之间的信任，这也是建立"以结果为导向"的评价体系的目的之一。

4.行为引导

PPP项目中，项目公司（社会资本）只有在项目绩效表现足够好时才能实际得到全额付费。在这种情况下，项目绩效体系为项目公司（社会资本）的长期行为提供了标准和指导，科学合理的绩效目标以及评价体系可以有意识地引导项目公司（社会资本）采取积极的行动并高效地实现项目预期目标，同时也为双方达成共识提供了一种比较精确的沟通方式。

四、绩效评价应遵循的原则

PPP项目绩效评价工作应遵循以下基本原则：

1.程序规范，科学严谨

依据国家相关法律、法规和政策制度开展评价工作；评价指标要科学客观，评价方法要合理规范，基础数据要真实准确。

2.客观公正，公开透明

坚持中立立场，从客观实际出发，以事实为依据，公平合理开展评价工作；绩效评价结果要及时公开，并接受社会监督。

3.结果导向，多方参与

绩效评价工作应以绩效目标为起点，在评价过程中推动利益相关方积极参与，促进合作，并提高评价结果的有效利用。

4.遵循合同，诚信履约

绩效评价应当以PPP项目合同约定的绩效目标与绩效评价体系为基本依据和标准，政府和项目公司（社会资本）双方均需共同遵守和诚信履行合同约定，充分体现PPP的契约精神。若合同没有约定或约定不明以致确需调整绩效目标的，应当由双方充分协商，并按程序报相关部门审核和本级人民政府批准后方可变更合同约定。

五、绩效评价对象与周期

PPP绩效评价对象即采用PPP模式运作的基础设施和公共服务项目，应根据项目所处的不同阶段开展相应的绩效评价工作。

结合PPP项目实施进度及按效付费的需要确定绩效评价时点。原则上项目建设期应结合竣工验收开展一次绩效评价，分期建设的项目应当结合各期子项目竣工验收开展绩效评价；项目运营期每年度应至少开展一次绩效评价，并与财政支付周期（如有）相匹配，每3～5年应结合年度绩效评价情况对项目开展中期评估；移交完成后应开展一次后评价。

六、相关参与方的角色和职责

绩效评价是一个多方参与、互相协作的过程，各参与方应当按照科学规范、公开透明、物有所值、风险分担、诚信履约、按效付费等原则开展PPP项目全生命周期绩效管理，并加强横向沟通，让相关各方都了解项目实际情况。

（一）项目实施机构

项目实施机构作为PPP项目识别、准备及采购过程中的主要牵头部门，负责建立项目建设、运营及移交环节的绩效评价体系，并作为PPP项目合同谈判及签约主体与项目公司（社会资本）将上述评价体系以合同形式明确。

作为PPP项目执行阶段的合同履约主体以及项目绩效评价的主要实施主体，应依照PPP项目合同中明确的绩效评价方式、方法、流程及应用，对项目公司（社会资本）的履约情况进行客观、公平、公正的评定，并以此作为付费、价格调整和合同变更的重要依据，确保项目的顺利实施以及物有所值。

（二）项目公司（社会资本）

项目公司（社会资本）作为基础设施和公共服务的提供方，应严格遵守PPP项目合同的约定，以合同中明确的产出要求为目标，履行合同约定的服务内容及相应职责，积极配合开展PPP项目绩效评价工作，对所提供资料和信息的真实性、完整性、有效性负责。

同时，对于绩效评价过程中所暴露出的问题，应予以改进和完善，将绩效评价的过程与结果视为提升项目品质、体现物有所值的路径。

（三）财政部门

财政部门主要负责PPP项目绩效管理制度建设、业务指导及再评价、后评价工作。财政部门应会同相关部门，建立健全PPP项目绩效管理工作相关制度和共性指标框架，加强项目识别论证、政府采购、预算收支与绩效管理及信息披露等业务指导。同时，财政部门可结合每年工作重点，选取重大PPP项目开展绩效再评价，并会同相关主管部门、项目实施机构等在项目移交完成后开展PPP项目后评价。

（四）第三方机构

PPP绩效评价可以由项目实施机构安排具体执行人员和专职评价人员实施，也可以委托外部第三方机构实施，相关费用通常由实施机构承担。受托的外部评价机构可以是相关行业或领域的咨询机构、会计师事务所、资产评估机构等组织，也可以是科研院所、高等院校等研究机构。委托第三方机构提供专业服务，应充分考虑以下方面：

（1）选取专业能力突出、资质或资信优良的第三方机构参与绩效管理工作。

（2）严格执行利益冲突回避制度，确保评价的公正独立。

（3）明确委托方与第三方机构以及绩效管理对象的权利和责任，确保第三方机构评价行为独立，评价过程及评价结果不受外来的特别是既得利益者的不当干预和影响。

（五）其他参与方

其他参与方包括在PPP项目的识别、准备、采购、执行及移交过程中需要提供行业经验及职能协助的部门及机构，同时应考虑项目使用者与公众的参与。

与项目内容相关的行业主管部门（如非项目实施机构），在准备阶段的实施方案评审过程中，可针对产出要求及相应指标提出建议；在PPP项目合同谈判过程中可参与到采购结果确认谈判工作组，并协助实施机构就绩效评价体系及其他行业相关的条款与社会资本进行谈判；在项目执行阶段，可协助实施机构在具体绩效评价工作上进行科学合理的判断和认定。

第二章　PPP项目绩效目标

正确评价项目结果是绩效评价的基本和首要的目标。绩效目标是评价项目是否取得成功的判断依据，正确识别并设定切实合理的绩效目标是实施绩效管理的第一步，也是构建绩效评价体系、实施绩效评价的基础。

一、绩效目标的内容

绩效目标，即“评价对象计划在一定期限内达到的产出和效果”[1]，体现为项目活动在绩效周期内需要完成的、展现在不同层面上的能够被评价的各项工作及其结果。PPP项目绩效目标应包括产出、效果及管理三个方面的内容[2]。

1.产出

产出（Outputs）是指项目活动在一定期限内交付的物质的或有形的产品和（或）服务的数量、质量、时效等。

2.效果

效果（Outcomes）是指在项目活动过程或通过项目产出的利用而带来的短期或中期的影响，包括对经济、社会、生态环境等的直接影响或间接影响，以及物有所值实现程度、可持续发展能力与目标受益群体的满意程度等。

3.管理

管理（Management）即指管理活动，包括为实现产出目标而进行的各项计划、组织、协调和控制等活动。

[1]《财政支出绩效评价管理暂行办法》（财预〔2011〕285号）。
[2]《政府和社会资本合作（PPP）项目绩效管理操作指引》第七条。

二、绩效目标设定的原则

绩效目标是实施绩效监控、开展绩效评价的基础，在制定项目绩效目标时，除了满足国家法律、法规、政策和行业标准外，还应遵循以下原则：

1.指向明确

绩效目标应与项目内容相互吻合，符合国民经济、区域经济、社会与行业发展规划，与当地财政收支状况相适应，以结果为导向，反映项目应当提供的公共服务，体现环境-社会-公司治理责任（ESG）理念。

2.细化量化

绩效目标应从产出、效果、管理等方面进行细化，并符合基本的公共价值标准；尽量从数量、质量、成本和时效等方面进行定量表述，不能以量化形式表述的，可采用定性表述，但应具有可衡量性。

3.合理可行

设定绩效目标应以客观事实为基础，综合考虑宏观发展环境、社会需求变化，以及时间、资金、技术等资源约束条件和限制因素，既能恰当反映绩效期望，具有前瞻性，又是通过努力可以达成的，具有可实现性。

4.物有所值

比传统采购模式更有效率地交付基础设施和公共服务是采用PPP模式的理论基础，也是PPP项目要实现的主要目标之一。PPP项目绩效目标要充分体现对项目全生命周期内成本效益的要求。

三、总体目标和年度目标

PPP项目合同期限通常为10～30年，按时间可以将项目的绩效目标分为总体目标和年度目标。

（一）总体目标

总体目标指PPP项目在整个合作期内要实现的最终结果，是政府希望通过项目活动在特定领域获得的改善结果。总体目标应保持与国民经济和社会发展规划、相关行业发展规划的目标、方向一致。通常，总体目标是高度概括性的、广泛的，也是相对固定的。

（二）年度目标

年度目标，是结合项目特点和绩效评价周期，对总体目标的具体化、现实化和可操作化，并使总体目标得到进一步的解释和定量化。设定切实可行的年度目标对分析和衡量项目实际绩效是非常重要的。

四、绩效目标的确定和调整

（一）绩效目标的确定

PPP项目的绩效目标，特别是总体目标，应在项目准备阶段就明确下来。项目实施机构应在组织编制项目实施方案时，根据项目设计文件、历史资料，结合项目范围和交易安排，在项目实施方案中明确总体目标，并充分征求政府其他相关部门、潜在社会资本等相关方面的意见。财政部门应会同相关主管部门从依据充分性、设置合理性和目标实现保障度等方面进行审核。

在确保总体目标能够实现的前提下，建设期、运营期各年度绩效目标应根据总体目标和项目各年度实施进度计划，进行细化量化。

最终PPP项目绩效目标应同绩效评价体系一并在项目合同中予以明确。

（二）绩效目标的调整

项目绩效目标确定后一般不应调整。但是，PPP项目往往会持续十几年或更长的时间，外部环境和社会需求始终处于不断发展和动态变化的过程中，社会公众对项目产出和效果的预期也会不可避免地随着时间的推移而发生变化。为了能够在合同范围内尽可能地应对这些变化，包括因项目实施内容、相关政策、行业标准发生变化，或发生突发事件，不可抗力等无法预见的重大变化，避免出现由于对目标的过分关注而导致的规模效益递减等问题，对年度绩效目标持续地更新和调整也至关重要。

在PPP项目执行阶段，当变化对实现预设绩效目标造成实质性影响时，项目实施机构应与项目公司（社会资本）协商确定调整的具体内容，并应经财政部门及相关主管部门审核通过后报本级人民政府批准[1]后执行。

[1]《政府和社会资本合作（PPP）项目绩效管理操作指引》第十一条。

第三章　PPP项目绩效评价体系

在确定绩效目标之后，需要进一步开发评价指标来衡量这些目标是否达成。评价指标开发的科学性和合理性决定了在多大程度上可以对项目的绩效作出客观、可靠的评价。

一、绩效评价框架

评价内容是否能够为全面、客观的衡量项目活动的实际绩效状况提供所需的信息，不但取决于评价指标和其所要衡量的“结果”之间是否基于合理的基础建立了联系，而且与绩效信息和证据来源、收集和分析方法是否匹配也密切相关。本指南建议使用绩效评价矩阵（见表3-1）来组织评价的内容，它可以很好地将评价事项与评价指标、评价目标或标准、证据来源、证据收集与分析方法等联系起来，使评价人员和相关参与方对评价的各项内容一目了然。

表3-1　绩效评价框架（矩阵）

评价维度	评价事项	评价指标	指标权重	评价目标和标准	基准数据	数据来源	数据收集方法	数据分析方法	注释
产出									
效果									
管理									

二、定义评价事项

评价事项是从不同的视角对项目活动实施过程及其结果的有效性进行的描述。恰当地定义关键评价事项可以帮助评价人员厘清每个绩效目标所包含的关键内容，识别出对实现目标具有关键影响的因素，在实际行动和结果之间直接建立起紧密的逻辑联系。PPP

项目绩效评价关键事项参考框架见表3-2。

表3-2 PPP项目绩效评价关键事项参考框架

关键事项	细分事项
预期产出方面	
项目是否按计划实现了所有预期产出，包括数量、质量和时效性方面？	· 项目是否按照计划的时间周期实施并实现了预期产出？ · 项目设施是否得到了及时、恰当维护？并能够持续、有效地被利用？ · 产出是否满足技术规格和（或）合同约定的标准？
项目的资源投入是否经济有效？能否降低项目全生命周期成本？	· 项目资源投入是否按预定计划实施？ · PPP模式与传统模式相比全生命周期的成本是否更加节省（是否物有所值）？
预期效果方面	
项目实施对社会、经济和环境带来的直接或间接影响情况如何？	· 在环境保护方面，项目产生的废水、废气、固体废物及噪声等污染物排放是否满足国家标准和（或）合同约定？ · 是否认真落实节能减排责任，能源节约？ · 在保障安全、产业安全的同时，是否渐进有序降低资产组合的碳强度？
公众对项目提供的产品和（或）服务的满意程度如何？	· 项目实际受益群体是否是项目的目标受益群体，受益群体对项目提供的产品和（或）服务的满意程度如何？
内部管理方面	
项目公司（社会资本）是否为可持续地实现项目绩效目标而采取了必需的、有效的控制措施？	· 项目管理机构设置是否适当？各部门管理职责及内部控制措施是否落实到位并能确保项目有效实施？ · 项目财务是否具有可持续性？ · 是否建立了相应的内部机制以推进自主创新和技术进步？
项目公司（社会资本）是否履行了内部治理的相关责任？	· 是否严格落实安全生产责任制，并保证了安全生产所必需的投入？ · 是否为职工提供安全、健康、卫生的工作条件和生活环境，保障职工职业健康？ · 是否维护了职工的合法权益？
信息公开与透明度	· 是否严格按照法律、法规的规定，真实、准确、完整、及时地进行了信息披露？ · 是否建立了有效的信息反馈渠道？

为了兼顾统一性和灵活性，评价事项应以绩效目标为框架来组织和定义，并且关键事项应是相对固定的。在不同的项目中，某些关键事项下可能会包含多项内容，评价人员可以根据具体情况和实际需要，进一步将其分解成若干个细分事项，直到每一个部分和事项都可以被具体的、清晰的、可测量的指标进行描述。这样就形成了一个由一系列相对独立又相互联系、相互补充的评价指标构成的有层次的绩效评价体系。由于这些评价事项的定义和组织是由上而下的，评价事项的定义过程事实上将绩效目标划分成若干个不同组成部分或子系统，可以确保评价指标与预期结果、评价结果与评价目的之间的

联系是紧密且高度相关的。

PPP项目绩效评价体系应涵盖项目全部内容（所有子项目及其目标），对于项目分属不同行业/领域、活动内容差异很大、缺乏共性的综合型项目，较难统一设计评价体系，可以考虑针对某个（些）子项目单独设计。

三、评价指标开发

（一）评价指标的构成要素

评价指标是对项目绩效目标的一种细化、量化与可操作化，主要目的是使抽象的项目结果能够被观察到并且可以被测度，是衡量绩效目标实现程度的工具。经济合作与发展组织开发援助委员会（OECD/DAC）[1]将绩效指标定义为“一个跟踪干预活动的变化或显示计划活动结果的变量。”

评价指标由“指标名称”和“指标数值”两个基本要素构成，二者相辅相成、缺一不可。

专栏3-1

指标名称和指标数值的联系和区别

1.联系

指标数值与指标名称之间的联系在于：指标数值须以指标名称为载体，指标名称须用指标数值来度量。如果没有设定指标名称，评价的内容和目标就是盲目的，指标标准也因无以承载而如同无的之矢；如果没有确定指标数值，评价的标准和依据就不明确，指标就因无以约束而难以发挥其功能。

2.区别

指标数值与指标名称之间的区别在于：指标名称强调的是从哪些方面或哪些维度（视角）对评价对象进行评价，而指标数值注重的则是对应各项指标名称应该或者达到了怎样的水平或基准。也就是说，指标名称所解决的是从哪些方面展开评价的问题，而指标数值所解决的则是评价对象在这个方面应该达到或已经达到的程度与水平。

[1] Organization for Economic Cooperation and Development（OECD）/ Development Assistance Committee（DAC），经济合作与发展组织开发援助委员会。

（二）绩效指标开发的基本原则

指标是衡量绩效目标实现程度的工具，为了恰当地反映评价对象的绩效状况、保证评价的质量，每一项评价指标都需要根据评价对象的内容、特点以及评价目的具体开发确定，并应符合以下标准：

（1）明确（Clear）：具体、准确而无歧义。

（2）相关（Relevant）：能够恰当地反映项目具体目标的内容，且重点突出。

（3）经济（Economic）：能以合理的成本获得所需要的数据。

（4）充分（Adequate）：必须能为评价绩效提供充分的基础。

（5）可监测（Monitorable）：能够清晰地量化测定项目目标的实现程度。

（三）评价指标的类型

PPP项目绩效目标是多层次的，具有一定的综合性和复杂性，相应的评价指标也应具有多种类型。按照不同的分类方法，评价指标可以分为共性指标和个性指标、定量指标和定性指标、约束性指标和预期性指标、直接指标和替代指标等。

1.共性指标和个性指标

（1）共性指标指的是能够对所有或大多数评价对象的绩效进行评价的指标。财政部在《政府和社会资本合作（PPP）项目绩效管理操作指引》中分别针对PPP项目的建设期和运营期给出了供参考的共性指标框架，框架中包含了一级和二级指标，并要求“根据项目行业特点与实际情况等适当调整二级指标，细化形成三级指标”。

（2）个性指标是相对于共性指标而言的。结合评价对象的预期目标，针对项目所属行业特征及评价对象的具体特点，设计个性化的评价指标，对于提高绩效评价的针对性和有效性至关重要。

2.定量指标和定性指标

（1）定量指标是指可以准确用数量定义和精确衡量并以数字表示评价结果的指标，包括绝对指标和相对指标。

1）绝对指标又称总量指标，反映评价对象的总体规模或水平，通常表现为有计量单位的统计绝对数。

2）相对指标，又称比率指标，是通过两个有联系的指标对比而得到的相对数，如产品合格率，设备完好率等。相对指标可以弥补总量指标的不足，可以帮助评价人员深入了解评价对象绩效的内在特征。

定量指标具有评价结果直观、容易操作、结果稳定的特点，有利于确保评价结果的准确度和客观性，但受到统计数据的限制，反映的结果可能有一定的片面性和局限性。

（2）定性指标由于量化评价体系在反映绩效表现上存在一定的局限性。大多数情况下，想要全面分析PPP项目的实际绩效状况，仅仅利用定量指标是不够的。尤其是在定量评价所需的信息数据不充分、不可靠或评价指标难以量化的时候，应结合定性指标进行综合评价。多数定性指标可以充分发挥人的智慧和经验，在评价过程中往往能够综合更多的因素，避免或减少统计数据可能产生的片面性和局限性。定性指标由主观定性指标和客观定性指标两类构成，其中主观定性指标评价的结果容易受到评价者主观意识的影响和经验的限制，其客观性和准确性在很大程度上取决于评价者的专业素质，而且评价结果往往缺乏稳定性，容易引起争议。在设计评价体系时，应尽可能减少主观定性指标的数量，以选择某一现状或结果的客观定性指标为主。

3.约束性指标和预期性指标

约束性指标是指根据经济和社会发展总体战略，要求项目的管理者通过合理配置资源、采取积极有效的措施，必须实现的相关指标。与约束性指标对应的是预期性指标，是一种具有导向性的指标，主要依靠项目公司（社会资本）的主动努力来实现。预期性指标和约束性指标结合，可以更好地体现PPP项目合作双方各自的权利和义务，有利于强化PPP模式在促进创新方面的作用，也有利于建立符合要求的绩效评价体系。

4.直接指标和替代指标

直接指标指可以直接反映项目活动在某一具体方面的绩效状况的评价指标。在没有直接指标、数据收集成本过高或是定期收集数据不可行的情况下，可以采用替代指标。但是，在使用替代指标时应该保持谨慎，因为它可能会受到其他因素的影响，也只能为绩效评价提供近似证据。

（四）指标设计时应考虑的因素

1.关键利益相关方的期望

利益相关方的构成主要取决于实施项目的特点和性质，通常不同的利益相关方从不同的角度来看待同一活动。评价体系设计时应尽可能从关键利益相关方那里收集不同意见，这有助于增进各方共识。

2.PPP项目合同的风险分配

PPP模式是政府与社会资本之间建立起的一种长期合作关系，这种合作伙伴关系意味着项目的预期目标需要通过双方共同努力来实现，双方将为此各自承担风险、共同分担责任。但在不同的合同中，转移给社会资本的风险可能有所区别。在基于项目绩效付费的合同机制下，设计评价体系与分析衡量结果时需要特别注意，对于不属于项目公司（社会资本）责任造成的绩效偏差，不应影响项目公司（社会资本）的绩效评价结果。

3.评价标准

绩效评价标准通常包括计划标准、行业标准、历史标准等，用于对绩效指标完成情况进行比较。

（1）计划标准，指已预先制定的目标、计划、预算、定额等。

（2）行业标准，指参照国家公布的行业指标数据制定的评价标准。

（3）历史标准，指参照历史数据制定的评价标准。为体现绩效改进的原则，在可实现的条件下应当确定相对较高的评价标准。

（4）财政部门和预算部门确认或认可的其他标准。

（5）经相关主管部门确认的其他标准。

4.证据及证据来源

证据是用来测量评价指标、支持评价结论的数据、事实和观点。证据及其来源的确定、证据收集方法，在一定程度上决定着分析评价等活动的组织和开展方式。因此，在开发指标时就应考虑证据及其来源的成本、准确性、可信度及时效等因素。在跨领域和多层级政府的环境下，目标的归属和可监测度，包括指标度量范围的合理性等都是需要考虑的重要问题。

通常，绩效评价的证据来源主要有三类（见表3-3）。

表3-3　常见的评价证据来源

来源	举　例
制度、政策和法规	· 国家相关法律、法规和规章制度 · 各级政府制定的国民经济与社会发展规划和相关政策 · 相关行业发展规划及政策、行业标准及技术规范 · 国务院、财政部、国家发展改革委及其他部委颁布的PPP相关政策 · 地方各级政府制定的PPP相关政策和规划文件等

续表

来源	举　例
项目文件和相关报告	·项目立项报告及批复 ·政府各级职能部门对项目执行情况的检查或审计报告 ·项目单位的执行文件和报告，如贷款协议、评估报告、项目进展报告、中期检查报告、完工报告以及后评价报告等 ·项目执行过程中的有关记录和资料，如财务会计资料、工作总结、监测报告、项目进度报告、项目竣工验收报告等 ·PPP项目“两评一案”报告、社会资本采购文件、PPP项目合同、运营维护方案、实施机构与项目公司（社会资本）之间的往来函件等
评价小组直接收集的证据	·利益相关方座谈会 ·对相关人员的面访 ·实地调研 ·问卷调查 ·评价小组采用其他方法收集的数据

5.可比项目绩效情况

除了上述因素之外，在指标设计过程中也可以参考同一地区同类项目的绩效体系和评价情况，通过研究、分析或考察更早进入执行阶段的项目，可以对当地的特定情况做更全面的掌握，有利于设计出更符合实际情况的绩效指标。

四、指标权重的设置

指标权重指的是各项评价绩效在整个评价指标体系中的相对重要程度。PPP项目绩效评价体系应该根据项目所需要满足的诉求以及预期要达到的结果，科学合理地确定每项指标的权重，并以百分比（权重）进行量化。同一评价对象处于不同实施阶段时，指标权重应体现差异性，其中，建设阶段绩效评价更加注重决策、过程和产出，运营阶段的评价更加注重产出和效益。

确定指标权重的方法有很多种，其中最常用的有专家调查法和层次分析法。

1.专家调查法

专家调查法又称“特尔斐法”。是指围绕某一主题或问题，征询有关专家或权威人士的意见和看法的调查方法。调查一般为3～5轮。每轮都请调查对象回答内容基本一致的问卷，并要求他们简要陈述自己看法的理由和根据。每轮调查的结果经过整理后，都在下一轮调查时向所有被调查者公布，以便他们了解其他专家的意见，以及自己的看法与大多数专家意见的异同。但该方法容易受专家个人主观偏好的影响，专家选择的不同很可能会导致权重分配结果的差异；当指标较多时，不易保证判断思维过程的一致性，在实践应用中有一定局限性。

2.层次分析法

层次分析法（Analytic Hierarchy Process，AHP）是一种定性和定量相结合的分析方法，它通过将若干个指标两两比较后进行量化标度，把主观判断量化形成判断矩阵，再利用数学方法计算出每项指标相对于总目标的权重系数。层次分析法综合了定性判断和定量计算两者的优势，使赋权过程和结果具有很强的科学性和较高的可信度，而且计算简便、不受是否有样本数据的限制，实用性强，可以广泛适用于大多数评价体系的权重设置。但层次分析法也具有一定的局限性，一是在判断指标相对重要性时依赖于专家经验知识，仍然具有一定的主观随意性和不确定性；二是当指标数量较多时构造判断矩阵很容易出现不一致的情况，要注意对结果进行一致性检验。

除了专家调查法和层次分析法，较常用的赋权方法还有二项系数法、主成分分析法、熵值法等。其中，主成分分析法、熵值法属于客观赋权法，相对于主观赋权法，客观赋权法基于比较完善的数学理论与方法，结果精度较高，但对样本数据的质量要求较高，主要适用于具有普遍性的定量评价体系的权重分析。

专栏3-2

主成分分析法和熵值法

1.主成分分析法

主成分分析法（Principal Component Analysis，PCA）是把较多的指标转化为少数几个综合性指标。用主成分分析法解决有关指标问题时，一般是尽可能多地选择指标，然后用一种方法将这些指标的特点综合成少数几个新的指标，得到的新指标既能够尽可能多地反映原来指标的信息，而且彼此间又有显著的差异。主成分分析法是一种可将若干变量简化为几个主要变量的分析统计方法。该方法是一种客观赋权法，计算较为复杂（需要借助SPPS等软件），几乎不受主观因素的影响，但前提是需要搜集一定数量的历史同类项目指标数据才能进行分析。所以该方法的通用性和参与性较差，适用于运用PPP模式已经较为成熟的行业和领域，有较多同类项目可供搜集历史指标数据作为样本的项目。

2.熵值法

熵值法（The Entropy Method）是利用“熵”的特性，通过计算某个指标的离散程度来判断该指标对综合评价结果的影响程度，进而给指标进行赋权的方法。熵值法是一种客观赋权法，几乎不受主观因素的影响，而且计算简单、易操作，相对于主观赋权具有较高的可信度和精确度，但对样本数据的依赖性高。实务中，熵值法常常与其他权重分析方法结合使用。

五、指标验证、确定与调整

评价体系和指标不应经常更改，否则会导致绩效信息收集系统的混乱，评价结果也会因此缺乏比较分析的基础。因此，制定指标时须经过充分考虑，对指标的完整性、指标与指标间的平衡性、关联和协调性进行检查。

（一）评价体系的信度和效度

1.信度

信度（Reliability），即可靠度、一致性或者稳定性。评价体系的信度是指指标值在观测中的测量结果的可靠性程度。高信度的评价体系应该是指标关系一致、内部结构良好的体系。

2.效度

评价体系的效度（Validity）是指评价指标在多大程度上描述了评价对象的特征并反映了评价目的，即评价指标反映评价对象客观要素的准确性程度。如果确定的评价指标不能反映或不能较好地反映公共产品供给绩效的状况，那么，该评价体系就不具有较高的效度。

评价体系的效度主要依靠经验判断进行。实践中，可以邀请对绩效评价有较为全面认识的相关学者和专家以及一线的工作者来对指标是否全面、科学、准确地反映了公共产品供给的实际状况作出判断。

（二）评价体系的确定和调整

1.评价体系的审核和确定

根据相关政策，PPP项目实施机构负责根据项目绩效目标设计详细的绩效评价体系，报项目所属行业主管部门、财政部门审核。

PPP项目绩效评价应按照系统性、重要性、相关性、可比性和经济性的原则，结合预期产出、预期效果和项目管理等绩效目标细化量化后合理设定。

2.评价体系的调整

PPP项目绩效评价体系应允许在项目所处的不同阶段，根据行业发展、政策调整以及项目实际情况进行动态调整。

在PPP项目采购阶段，由于存在PPP项目合同谈判环节，项目实施机构可与候选社会资本就绩效评价体系中可谈判部分（由采购人在采购文件中明确）进行谈判，如有需要可做适当调整，并以此作为未来绩效评价的基础。

在PPP项目执行阶段，绩效评价体系原则上不予调整。但因项目实施内容、相关政策、行业标准发生变化或突发事件、不可抗力等无法预见的重大变化影响绩效目标实现而确需调整的，由项目实施机构和项目公司（社会资本）协商确定，经财政部门及相关主管部门审核通过后报本级人民政府批准后执行。

第四章　PPP项目绩效评价程序

绩效评价过程一般分为评价准备、制订工作方案、组织实施、编制评价报告以及反馈和应用五个步骤。本章的目的是阐明PPP项目绩效评价的步骤和方法，并就必要的评价程序提供作业指导。

一、评价准备

项目实施机构应根据PPP项目特点，结合项目实施进度及按效付费的需要确定绩效评价时点，合理选择时间提前着手准备工作。准备阶段的工作主要包括拟定评价任务书、组建评价团队并下达评价通知，由PPP项目实施机构负责或聘请第三方机构、独立专家协助完成。

（一）拟定评价任务书

评价任务书是绩效评价工作的纲领性要求，也是评价工作组开展后续评价工作必须遵循的核心文件。编制评价任务书有以下目的。

（1）为评价工作组开展工作提供清晰的目标和框架要求。

（2）向关键利益相关方提供有关评价的关键信息，并将绩效评价列入关键利益相关方的工作计划，确保评价工作正常开展所需资源能够有效投入。

（3）为控制评价质量、核查评价工作完成情况提供依据。

项目实施机构应根据项目绩效目标、实施进展情况、绩效评价预期用途，以及绩效监控数据和可利用的资源情况来拟定评价任务书。

（二）组织评价团队

1. 实施机构代表

项目实施机构既可以直接开展绩效评价，也可以组织第三方机构或聘请外部专家独立开展绩效评价，但无论采用哪种组织方式，实施机构都应该指派一名人员负责对接和协调评价过程，履行以下职责：

（1）参与实施机构评价任务书的编制。

（2）向评价工作组提供关键背景信息，并指导评价工作组充分理解任务书的内容和要求。

（3）为评价活动提供必要的支持。

（4）根据需要组织专家对绩效评价工作方案进行审查。

（5）对评价活动中出现的问题作出及时回应。

（6）协调评价工作组与相关利益方的沟通。

（7）对评价交付成果（包括初步报告和最终报告）征求并汇总意见。

（8）跟踪评价结果的应用情况，并及时反馈。

专栏4-1

×××（项目名称）PPP项目绩效评价任务书

一、绩效评价目的

说明评价的目的以及评价结果的预期用途。

二、绩效评价的范围

说明绩效评价的时间范围、地域范围和利益相关方的范围。

三、评价工作的重点和要求

（一）评价重点及对评价工作预期成果的要求

（二）预期完成评价工作的时限

（三）相关费用预算

四、评价工作的组织方式

五、其他

2.评价工作组

实施机构自主承担评价工作的，应该适当吸纳外部专家，确保更客观、专业和全面地开展评价工作。实施机构委托第三方机构承担评价工作的，评价工作组应由第三方机构与实施机构共同协商组建。小组成员之间应形成专业互补，确保评价工作组能够胜任评价任务。

评价工作组的全体成员应当遵守法律、法规和职业道德规范要求，勤勉履职，按照"独立""客观""公正"原则，根据PPP项目合同约定，审慎开展绩效评价相关工作，不受任何直接利益相关方的不当影响，并严格保守工作中知悉的国家秘密、商业秘密和被调查者的个人隐私。

评价工作组应有一名组长负责领导评价工作的全过程，整合工作组内部意见并组织编写评价报告，确保评价工作能够按照批准的工作方案正常开展。由于组长的经验和能力将对绩效评价工作的质量和深度产生较大影响，应充分考虑组长在以下这些方面的素质和能力：

（1）遵守法律、法规，具有良好的职业道德。

（2）具有与从事绩效评价工作相适应的知识背景和技术能力。

（3）具有丰富的类似工作经验。

（4）熟悉被评价项目所在行业/领域的政策规定、技术知识和管理模式等。

（5）具有较强的政策理解、项目管理和沟通协调能力。

3.外部专家和顾问

聘请外部专家通过参加会议、座谈，或者查看实地、实物、原始业务资料等方式参与评价各阶段的工作并提供专业意见和建议，这对于保证评价结果的完整性、可信性和实用性非常有用。选择聘用的专家/顾问应当具备以下条件：

（1）具有良好的职业道德，廉洁自律，遵纪守法，无行贿、受贿、欺诈等不良信用记录。

（2）精通某一领域业务，或对相关业务的某一方面有独到见解，具有高级专业技术职称或同等专业水平的专业技术能力。

（3）熟悉PPP相关政策法规。

（4）承诺以独立身份参加评价工作，能够依法履行专家工作职责并能够承担相应法律责任。

4.第三方机构

实施机构委托第三方机构提供专业服务的，在遴选第三方机构时，应充分考虑第三方机构的专业能力、行业经验和人员素质，提高绩效评价工作质量。遴选过程中应注意以下方面：

（1）应当严格按照政府采购的程序和要求，通过公开、透明的过程选择专业能力突出、资质或资信优良的第三方机构。

（2）委托第三方机构提供专业服务，原则上应当遵循“谁委托、谁付费”的原则，并综合考虑实施难易程度和工作内容、工作量等因素，保障合理的资源投入。

（3）严格执行利益冲突回避制度，选择的第三方机构应独立于委托方和绩效管理对象。

（4）委托第三方机构参与或协助开展绩效评价工作，应严格限定各方责任，第三方机构服务范围原则上不应超出绩效评价范畴。

项目实施机构可以根据PPP项目具体特点和委托绩效评价工作的特殊需求，制定遴选第三方机构的条件，但不得以不合理的条件对第三方机构实行差别待遇。

（三）评价通知

项目实施机构在确定绩效评价工作开展的具体时间后，应至少提前5个工作日通知项目公司（社会资本）及相关部门做好准备和配合工作。不定期或临时抽查可以不提前通知项目公司（社会资本）做好准备工作。

二、制订方案

制订评价工作方案的目的是将评价任务书转化为具体、可行的实施计划，以确保评价工作能够顺利开展并保证评价质量和实用性效果。这一阶段的工作主要由评价工作组负责，并应与实施机构充分沟通且达成一致。

（一）合理性评估

合理性评估应该作为制订评价工作方案阶段的初始步骤进行，作为一种工具，它将帮助评价工作组迅速了解项目基本情况，更好地理解评价目的和任务要求，确定评价工作的重点，并合理规划和准备评价资源的投入。

合理性评估一般包括以下主要内容：

（1）项目的绩效目标是什么？项目活动的实际情况是否已经具备了开展绩效评价工作的前提条件？

（2）项目的合作范围是什么？根据项目合同文件，政府和项目公司（社会资本）各自需要哪些投入？

（3）既有的绩效评价指标是否适当？包括：

1）与项目目标是否相关？

2）是否具体、明确，且容易被衡量？

3）是否能够获得充足、可靠的数据？以及是否可以在合理成本范围内收集到相应数据？

（4）评价将被用于何种目的？是否存在可能妨碍公正评价过程的限制因素？

（5）评价需要哪些方面的专门知识和技能？完成评价任务书的要求，是否需要以及需要哪些额外的投入？

（6）绩效评价工作质量控制措施是否可行、可靠？

保证合理性是评价工作组的职责。评价工作组应检查任务书是否明确了评价的计划产出、结果和目标，并已经准备了充足的组织和资金资源为评价工作提供支持。评价工作组进行资料审查和分析，形成项目基础信息表，确保所有工作组成员都应该熟悉项目活动的主要内容，并对某些特定的要素保持敏感性。

如果合理性评估认为绩效评价指标不具体、不明确，或是评价过程可能无法获得客观、可靠的数据，或是评价目标可能无法实现，评价工作组组长必须与实施机构讨论，考虑采取措施并予以解决，如重建绩效评价体系，调整评价范围或时机，或调整评价任务目标。

（二）制订评价工作方案

开始评价之前需要设计评价工作方案，对评价任务的各个方面进行统筹考虑和安排。评价工作方案应基于明确的评价目的、评价范围和预期的用途，充分考虑实际性和实用性，选择合适的评价方法，制定合理的工作程序，并制定具体的组织计划，使评价工作有计划、有组织地进行。

1.评价目的

评价目的即评价工作开展的原因以及评价结果的预期用途，是评价工作的基本导向。

只有目的明确，才能有效地组织评价工作，且主要利益相关方应就评价的目的达成一致。通常，在各领域的PPP项目中绩效评价的目的大体相同，具体包括以下方面：

（1）使用既定的评价标准，衡量项目公司（社会资本）的工作绩效，以实现按效付费的目的。

（2）通过循证判断，发现问题，落实整改，促进项目实现预期目标。

2.评价范围

评价范围通常与评价目的相关，它决定了为实现评价目标而需要进行调查的问题和方法，以及利益相关方的参与维度。评价范围应具体说明期望评价覆盖的时间范围、地域范围、利益相关方范围，对于包含有多个地区、多个子项目、内容复杂的综合性项目，还应明确说明评价应包含或排除的内容。这些内容应该是明确的、有用的，并就可用资源和可收集到的信息而言具有现实可行性。

3.数据收集

绩效信息包括项目的产出数据、事实以及利益相关方观点等。评价工作组通过收集、分析这些信息并加以独立和公正地判断，形成全面、客观和公正的评价结论。因此，评价结果质量在很大程度上会受到数据可用性和可靠性的影响。

绩效信息主要来源于两种渠道：一是评价工作组通过调查、访谈、观察或试验等方式直接获得；二是收集他人调查或试验的数据，这是绩效信息的间接来源。

科学且恰当的数据采集方法可以确保评价过程严谨，并能够产生充足、有效且可靠的数据，是评价活动可信、独立和有用的先决条件。本章第三部分介绍了几种常见的绩效数据收集方法，在选择具体方法时应基于已有的数据系统以及数据的采集和分析能力，并充分考虑在特定环境下对数据采集的主要限制。过高估计搜集可靠数据的能力，可能会影响评价结论和对未来提供建设性建议的有效性。

4.评价任务分解与分工

在充分理解评价任务后，评价工作组组长应结合合理性评估结果明确将开展的具体活动，并对任务进行分解和分工，明确评价中的关键参与者及其角色和责任（见表4-1）。组长应充分考虑建立适当的机制，让关键利益相关方参与其中，以提高评价结果的实用性，并促进评价结果的使用。

表4-1　评价工作各阶段角色和职责

阶段	工作内容	财政部门	实施机构	政府其他部门	评价工作组组长	评价工作组成员	项目公司（社会资本）	其他利益相关方
1	准备任务大纲	P	L	S				
2	选择第三方机构	R	L					
3	组建评价工作组	R	P		L	P		
4	下达绩效评价通知		L		P			
5	拟订工作方案	R	A	S	L	P	S	S
6	绩效信息收集、整理和分析		P	S	L	P	P	S
7	评价报告	R	A	R	L	P	S	S
8	结果应用	P	L	P			P	P

注：A—批准；L—全面负责；P—积极参与；S—需要时提供支持；R—审核、监督。

5.制订评价任务时间表

为了保证评价工作可以在任务书要求的时间内顺利完成，组长应与实施机构协商对每项关键工作和可交付成果，作出时间安排，以便对评价进展实施有效控制。

制订任务时间表应切合实际，综合考虑评价任务的复杂程度和工作量、评价工作组的经验水平、关键数据监测计划、沟通决策过程的效率，以及可用资源和其他外部限制因素，并为评价工作组留出足够的时间来完成符合预期的可交付成果。表4-2建议的每个阶段的时间安排仅为参考性的。如果需要对工作方案进行专家评审，或根据合理性评估结果需要调整、修改甚至重建绩效指标体系时，可能需要更长的时间。

表4-2　评价工作各阶段参考时长

阶段	工作内容	建议时长
1	评价准备和评价工作方案	1周
2	绩效信息的收集与分析	2～3周
3	初步报告	2周
4	反馈与沟通	1周
5	最终报告	0.5周
时长总计（不含计划阶段）		7周/约2个月

6.审查和批准

PPP项目实施机构应组织专家对项目建设期、运营期首次及移交完成后绩效评价工作方案进行评审。

三、组织实施

在绩效评价实施阶段，评价工作组的主要任务围绕绩效数据的采集、分析和解释展开。

（一）启动会议

实施机构应为评价工作组组织一次启动会议，确保关键利益相关方和参与评价的共同工作人员都能了解评价工作的目标、原则、计划及其影响。建议项目实施机构和项目公司（社会资本）的有关负责人参加启动会议。

会议的目的和内容包括以下方面：

（1）简要介绍评价的目标、评价范围、方法和关键步骤以及预期的进度计划，以确保所有参与方了解工作方案中的评估要求和计划，对其在评价过程中的具体投入和行动负责。

（2）征询各方的意见和建议，确定不存在有可能影响评价公正、可靠性的任何重大事实错误或遗漏。

（3）确定座谈会（如需要）和现场调查的计划。

（4）确保关键利益相关方理解并尊重评价的公正和独立原则。

（二）收集绩效数据

收集绩效数据的主要功能是为衡量绩效指标提供有效的证据，从而对项目活动是否实现或在多大程度上实现了预期目标作出客观判断。根据具体评价任务的要求，数据收集的用途有时不仅仅限于追踪指标，还可以就项目活动实现目标的过程和进展情况提供有用的信息，以帮助了解和解释项目实现或未实现预期目标的原因。

1.一般规则

数据的收集与验证是评价的基础，充分获取衡量每个绩效指标的数据是一个复杂的过程，应遵循以下规则：

（1）尽量使用现有证据。

（2）收集的数据要与指标密切相关，并且是衡量绩效指标最重要的信息。

（3）数据来源必须可靠。

2.数据收集方法

表4-3为常用的数据采集方法，方法的选择取决于衡量指标需要的数据及信息、数据的来源、收集数据的复杂性、数据收集的频率、可用的资源和时间，以及如何使用数据和信息。在采用一种方法收集数据不能达到预期目的的情况下，须考虑多种方法结合使用。评价工作组在选择数据采集方法时应带着为解决评价问题提供可信证据的明确目标，以保证数据的采集和分析在逻辑上具有相关性。

评价工作组在获取数据时应记录数据获取方式和来源或提供人，并尽可能保留或获得相关记录、证明或证据并存档。

表4-3　常用数据采集方法的比较

方法	描述	优点	缺点/限制
案卷调查	对已经存在的内、外部（公开和未公开）的各种资料档案，以查阅和归纳的方式进行的调查	·能从现有资料中获得大量有用的信息 ·不受调查人员和被调查者主观因素的干扰 ·成本低，不受时间和空间的限制	·数据的相关性和准确性不够 ·很难对现有资料中的证据进行核实
观察法	评价人员亲自到现场对调查进行观察、记录和计量，以取得第一手资料的方法	·能够保证资料的相对准确性 ·能够在项目已有信息缺乏的情况下获得一手证据	·需要大量的人力、物力和时间 ·容易受到观察者和被观察者主观因素的影响而产生观察误差
面访法	由调查者直接与被调查者接触，通过有目的地当面交谈获得资料的一种方法	·简便灵活、较易实施 ·能够收集有用且丰富的信息，特别是不同利益相关方的观点和建议 ·成本较低	·可能会收集到许多与绩效评价无关的信息 ·受访人的主观偏见使证据的客观性受到影响，给评价工作组的分析和判断带来困难
问卷调查	评价人员以问卷等方式，了解调查对象的行为方式，从而收集信息的方法	·可以提供大量结构化的数据 ·覆盖面广 ·成本较低	·有时问卷回收时间过长 ·问卷回收率可能是个挑战 ·样本数量 ·“劳动密集”
专家判断	在没有相关标准规范和同类项目比较的情况下，利用专家个人经验、知识和技能，进行分析和判断的方法	·打破时间和资源的限制，快速 ·相对成本较低	·收集到的数据的价值将与聘请专家专业知识的可信度成正比

续表

方法	描述	优点	缺点/限制
实验方法	通过实验获取其他手段难以获得的信息或结论	· 可信度高	· 复杂 · 应用范围有限 · 成本高 · 管理和控制困难

3. 数据的整理和验证

为保证评价结论的客观性和公正性，评价工作组在收集数据时，必须系统地检查收集的数据的有效性、准确性、可靠性和质量。按任何方法来收集资料都要进行必要的整理和验证，特别是对收集到的二手数据，必须要验证其可靠性才能用于对项目绩效的分析，以确保得出可靠的结论。

评价工作组需要把采集到的数据转换成适合统计、汇总和分析的形式，数据整理的过程也是评价实施过程中的一个重要环节。数据整理的过程中，可能会出现数据缺失、样本数量不足等问题，评价工作组可能会要求提供与项目活动相关的其他文件、补充额外的辅助数据，或是进行补充调查，以填补证据空白和进行交叉验证，力求把偏差减少到最低限度。

（三）绩效分析与评级

1. 绩效分析

绩效分析是根据验证和整理过的数据信息，运用一定的分析方法和既定规则，对每项评价指标和项目绩效进行衡量评判，并解释原因的过程。评价工作组应系统地组织、比较和综合收集的数据，对每项评价指标说明衡量过程以及作出判断和结论的基本原理。

绩效分析应包含两个层面的内容：一是根据收集整理的证据，通过既定的评分规则，对各项评价指标进行打分，对比分析各项评价指标的预期目标是否实现及实现程度，评定项目绩效等级；二是运用适当的分析方法解释预期目标实现或未实现的原因。绩效分析的主要方法见表4–4。

表4–4　绩效分析的主要方法

分析方法	描　述
成本效益分析法	是指将一定时期内的支出与效益进行对比分析以评价绩效目标实现程度。适用于成本、效益都能准确计量的项目绩效评价

续表

分析方法	描　述
因素分析法	又称经验分析法，是一种定性分析方法。该方法主要指根据价值工程对象选择应考虑的各种因素，凭借分析人员的知识和经验集体研究确定选择对象。该方法简单易行，要求评价工作组对项目运行熟悉，经验丰富，在研究对象彼此相差较大或时间紧迫的情况下比较适用，缺点是无定量分析、主观影响大
公众评价法	通过专家评估、公众问卷及抽样调查等方式来间接推断项目活动的绩效
变化分析法	分析指标在经过一段时间后是否达到预期值。通过比较指标的实际变化情况与预期变化得到分析结果，但不能体现变化与项目实施之间的必然关系，也无法分析指标产生变化或没有产生变化的原因
归因分析法	用于评价观察到的变化在多大程度上由项目实施产生。但因目前国内的环境下，要找到一个反事实场景非常困难，开展归因分析法所需的数据和技术难以得到，因此绩效评价中较少使用
贡献分析法	一种影响评估方法，根据变化理论迭代映射现有证据，然后识别和解决因果推理的挑战。旨在分析项目的实施是否是产生变化的原因之一，或者是否对产生变化发挥了促进作用。当某种变化是由很多因素造成的，并且很难评价变化在多大程度上由各因素造成时，可以采用贡献分析法

在PPP模式下，项目绩效目标的实现程度往往取决于有利的环境，以及政府、项目公司（社会资本）和其他参与方的共同努力。在评价项目实际所达到的绩效，以及分析和解释与预期目标产生的偏差的因果关系时需要非常小心和严格。评价工作组要充分了解项目合同对合作范围、交易结构安排等相关内容的约定，对于不属于项目公司（社会资本）责任造成的绩效偏差，不应影响项目公司（社会资本）的绩效评价结果。

对绩效进行分析和解释通常很难，因为项目所面临的外部环境、产出和结果会不断变化，分析其中因果关系需要建立在严格的逻辑链上，尤其在分析项目产生的影响层面上更具有挑战性。评价工作组必须在评估报告中说明分析过程、所使用的分析方法和框架逻辑。

2.绩效评级

划分绩效等级可以减少因局限性造成个别评价指标的偏差对整体结果的影响，也是PPP项目绩效评价通常采用的做法。绩效评价分值一般采用百分制，通过对每项评价指标得分进行加权，算出项目综合绩效分值，并相应确定绩效等级（见表4–5）。

表4–5　绩效分值与绩效等级对应表

综合绩效评分	绩效等级
［90，100］	优秀
［80，90）	良好

续表

综合绩效评分	绩效等级
[60，80)	一般/合格
[0，60)	较差/不合格

需要说明的是，不同领域项目的绩效评价结果并不具有可比性。即使是对同一领域的类似项目评价结果的比较也应谨慎，因为不同项目面临的环境、条件各不相同，这些都可能对项目结果产生一定的影响。

(四)评价结论与建议

1.评价结论

评价结论源自对调查获得的客观的、可靠的和有效的数据认真和科学的分析。通常应包括两部分内容：一是项目综合绩效等级；二是从经济性、效率、效果以及可持续性等方面对项目绩效的总体评价。结论应强调主要成就或目标的达成情况，并指出在实现目标或预期实现目标的过程中存在的问题。对于经过中期调整(指重大项目目标和内容调整)的项目，还应单独对调整的部分进行分析，并在评价结论中予以重点陈述。

评价结论应是公正和客观的，评价工作组必须在报告中解释和说明在收集数据、使用数据并得出结论时存在的任何限制或影响。一般可以从以下几方面分析评价工作存在的局限性：

(1)由于无法消除的客观原因，评价工作组无法收集到相关数据或数据信息不全面、质量不高。

(2)由于无法消除的客观原因，某些评价方法没有实施，从而影响了证据收集和评价的质量。

(3)受到时间和预算限制，评价工作组没有重新收集数据，而是利用了以前的相关报告或其他二手数据，但对这些数据的可靠性无法验证。

(4)评价是完全基于既有的绩效评价体系开展的，但在过程中发现存在明显不合理，且对项目绩效评分有显著影响的因素。

2.改进建议

改进建议旨在纠正偏差、改善绩效。评价工作组需要在评价发现的问题中判断哪些问题值得采取后续行动。这些建议应是与推动实现项目目标相关的、具体的、责任明确的，并且是切实可行的。如果有可能，还应提出时限建议。

评价人员在制定建议时应与项目公司（社会资本）充分沟通，以保证这些建议可以被接受并具有执行的现实性。同时，建议也不宜过于详细，以便项目公司（社会资本）能够根据实际情况设计具体的行动。

四、编制报告

（一）初步报告

在完成相关评价工作后，评价工作组组长应整合评价工作组内部意见并组织编写初步评价报告。报告应对评价过程、评价所使用的任何分析框架以及评价工作组作出结论的基本原理说明，并应至少包括以下内容：报告摘要、正文（项目基本情况、绩效评价过程概述、绩效分析与评价结论、存在的问题及相关建议、其他需要说明的事项）、附件等。

报告撰写应力求做到逻辑清晰、内容完整、依据充分、数据翔实、分析透彻、结论准确、建议可行。同时，报告的呈现方式应允许报告使用者以最清楚、简便的方式获取相关信息，不应包含过多与总体分析没有直接关系的信息。

专栏4-2

×××（项目名称）PPP项目绩效评价报告

评价报告摘要

评价报告正文

一、项目基本情况

二、绩效评价过程概述

（一）评价目的

（二）评价范围

（三）评价设计与实施

（四）绩效评价框架与绩效评级方法

（五）评价局限性

三、绩效分析与评价结论

（一）项目绩效分析

（二）评价结论

四、存在的问题及相关建议

五、其他需要说明的事项

附件

（一）绩效指标体系与打分标准

（二）绩效评价任务书

（三）项目关键产出或成果数据表

（四）调查问卷、面访、座谈和实施调研记录

（五）利益相关方对评价报告的反馈意见及其采纳情况

（六）其他

（二）最终报告

评价工作组根据反馈的有效意见对评价报告初稿进行修改和完善，并在最终报告上签名，如果评价是由第三方机构完成的，还应加盖第三方机构公章。第三方机构应对其出具的最终报告的真实性和准确性负责。

项目实施机构应将最终报告连同评价过程中形成的关键工作底稿一并报送财政部门、行业主管部门复核。复核重点关注绩效评价工作方案是否落实、引用数据是否真实合理、揭示的问题是否客观公正、提出的改进措施是否有针对性和可操作性等。为了方便报告的使用者快速了解报告的主要内容，评价工作组还应准备一份评价摘要，简要总结评价活动和评价结论。复核时可委托独立第三方机构或专家进行复核，复核无误后应作出书面的复核意见，并签章确认。

（三）资料归档

评价工作组应在最终报告完成的30个工作日内，将最终评价报告和评价过程中形成的所有评价依据，包括但不限于管理类工作底稿、操作类工作底稿及其他相关资料，归集形成评价工作档案。

1.管理类工作底稿

管理类工作底稿，指评价工作组在执行项目绩效评价业务过程中，为受理、计划、控制和管理绩效评价业务所形成的工作记录及相关资料，通常包括以下内容：

（1）评价任务书。

（2）评价工作方案。

（3）评价执行过程中重大问题处理记录。

（4）评价报告的审核、复核记录等。

2.操作类工作底稿

操作类工作底稿，指评价工作组在履行现场调查、收集绩效信息资料和评价程序时所形成的工作记录及相关资料。因评价目的、评价对象和范围以及评价方法等不同而有所差异，通常包括以下内容：

（1）调查问题清单、访谈/座谈会记录、收回的调查问卷与相关资料。

（2）收集到的项目活动的运行原始记录、案卷、票据等资料。

（3）评分过程记录等。

项目实施机构应及时对评价工作档案资料进行建档、存放，并妥善保管，确保档案资料的原始、完整和安全。

五、结果反馈和应用

绩效评价是PPP项目实施机构对项目实施目标管理和合同管理的重要组成部分，作为一种工具，评价在衡量项目活动绩效的同时，还将帮助项目的管理者和决策者发现项目活动在实现目标的过程中存在的不足和问题，以帮助他们改善管理，推动创新和改革，促进项目预期目标的实现。

具体而言，一是向项目实施机构及相关政府部门反馈绩效评价的结果，推动财政资源配置效率和使用效益提高；二是化目标为行动，督促落实整改措施、改善项目管理，提高公共服务供给质量；三是建立信息交流平台，促进PPP项目管理最佳实践和绩效评价工作经验的共享与交流。

（一）按效付费

PPP项目中政府承担的支出责任应与当年项目公司（社会资本）绩效评价结果完全挂钩，并通过绩效评价实现奖惩措施。财政部门应按照绩效评价结果安排相应支出，项目实施机构应按照项目合同约定及时支付。使用者付费项目可通过提取相应金额保函实现约束。

（二）落实整改

绩效评价中应引入容错机制，即对于评价中发现的问题，实施机构可给予项目公司（社会资本）一次整改机会，若在规定时限内整改合格，可减轻处罚或免于处罚。若同一问题在多次评价中重复出现，可以设置阶梯式的处罚标准，逐渐加大罚扣力度，督促项目公司（社会资本）完成整改。

对于建设及运营过程中的重要指标，应保留追究项目公司（社会资本）违约责任的权力，并通过提取建设期或运营期履约保函，情节严重时终止项目合同的方式进行约束。

（三）争议解决

项目公司（社会资本）对绩效评价结果有异议的，应在一定时限内明确提出并提供有效的佐证材料，向评价工作组解释说明并达成一致意见。无法达成一致的，应组织召开评审会，双方对评审意见无异议的，根据评审意见确定最终评价结果；仍有异议的，按照合同约定的争议解决机制处理。异议处理过程中产生的费用由责任方承担。

（四）公众监督

为促进评价结果的应用，实现评价的公众问责目的，项目实施机构应当按照政府信息公开有关规定，在适当范围内公开绩效评价结果，为项目受益群体、其他利益相关方以及社会公众提供便捷查阅，并接受社会监督。

第五章　部分行业绩效评价体系设置及案例

一、行业选择

为充分体现本指南的实践指导意义和普遍适用性，以及在促进PPP项目规范运作方面的导向性作用，本章重点从以下4个方面考虑，选择部分行业绩效评价体系案例，进行研究分析和示范指引。

（1）符合政策导向，有一定市场化运作基础。

（2）实际应用广泛，同类型项目的基础交易结构及风险分配具有相似性和典型性。

（3）基本能充分反映不同回报机制对项目绩效评价框架搭建、绩效评价体系设计以及结果应用的影响。

（4）有实质性运营内容，且项目产出成效能够被准确衡量，或者可以通过较为科学的方法评估。

基于以上考虑和标准，本指南选择污水处理、垃圾处理（焚烧发电）、高速公路、水环境综合治理、养老服务及储备林建设等相关行业PPP项目的绩效评价体系，并做针对性的分析示范。

每一个PPP项目都或多或少带有其自身独有的项目特征，不同项目的区域背景、项目范围、回报机制、风险分配等关键要素不同，往往会导致所设定的绩效目标和绩效评价体系也有较大的差异。本指南所选案例也存在项目本身独有的特征，因此，在具体项目实践中，参考借鉴本指南的所选案例时，必须结合项目具体特点及实际需求，有针对性地构建符合项目特性的绩效评价体系。

二、污水处理

（一）行业概述

城镇污水处理是我国公共服务的重要组成部分，随着我国城市建设的飞速发展，城镇水环境问题也越来越突出，由此也带动了城镇污水处理设施的建设和发展。特别是党的十八大以来，一方面，国家继续拓宽财政资金投入渠道，通过中央预算内资金等多种渠道对符合条件的城镇生活污水处理设施建设给予支持[1]；另一方面，通过规范有序推广PPP模式，积极推进不动产投资信托基金试点等手段调动金融和社会资本参与污水处理设施建设运营的积极性，统筹发挥政府和市场“两只手”的作用，推动城镇生活污水处理设施建设快速发展。到2020年末，全国城镇污水处理厂2 618座，处理能力19 267万m^3/d，排水管道80.3万km，集中污水处理率达到97.53%[2]，生活污水处理效能明显提升，为我国打赢污染防治攻坚战发挥了重要作用。但我国城镇生活污水处理设施仍然存在污水收集管网短板突出，污水收集率和污染物消减效能不高，污水集中处理能力不平衡，“重水轻泥”现象普遍，污泥处理“无害化”“资源化”处置水平总体不高等短板弱项，与实现美丽中国和高质量发展的要求还有较大差距。这迫使我们必须在强化污水处理能力建设的同时，从更广泛的背景下认识和界定污水处理项目的绩效，重新思考如何改进评价标准和方法。

（二）绩效评价体系设置

1.产出指标

产出是指项目在一定期限内提供可用资产或服务的数量、质量和效率等。产出指标可以确认项目在评价时段内连续处理了多少污水并满足排放标准，处理设施（污水集中处理设施及配套管网、污泥处理处置设施）设备是否得到完好的维护，是否得到有效利用。在城镇污水处理领域，相关行业主管部门发布了一系列相关行业管理政策和技术标准，如《城镇污水处理工作考核暂行办法》（建城〔2017〕143号）、《城镇污水处理厂运行、维护及安全技术规程》CJJ 60—2011、《城镇污水处理厂运行监督管理技术规范》HJ 2038—2014、

[1]《城市管网及污水处理补助资金管理办法》（财建〔2019〕288号）。

[2] 数据来源于住房和城乡建设部《2020年城市建设统计年鉴》。

《城镇污水处理厂运营质量评价标准》CJJ/T 228—2014等，提供了污水处理设施运行质量和稳定性方面相关的预设指标。评价时应尽可能地等同采用这些预设指标，但由于客观环境或条件限制、合同范围、统计等方面的原因，有些指标可能无法针对性地满足某个具体项目的评价目的。设定指标时，可以根据具体情况选择恰当的指标或对该指标进行相应修改后采用，但对预设指标的修改应当将其与标准指标的差异控制在合理范围之内。

2.效果指标

效果是指项目实际产出可能对经济、社会、生态环境等带来的影响和相关目标群体的获益程度，是构建评价标准中的重要内容。作为水污染物减排的重要工程措施，污水处理项目的效果指标关注的重点是设施在污染物收集和减排方面发挥了多大的功能和作用，包括直接和间接、积极和消极、主要和次要、长期和短期的影响；更加突出保护环境的宗旨，也更加强调项目活动以及产出对利益相关方的影响。

3.管理指标

对项目管理情况进行绩效评价，将项目绩效衡量的范围从产出结果扩大到可以影响预期目标实现和驱动未来绩效改善的深层次动因。管理指标旨在通过对项目活动未来可持续能力，以及在达成预期目标过程中的潜在制约因素的分析，为管理者提供强化管理和改进绩效所必需的综合信息，以帮助他们及时、充分、全面地了解并控制风险，采取行动来管理和组织开展项目活动，引导项目公司（社会资本）为更有效的方式交付公共服务设施持续努力，而不是对过程简单的干预。因此，评价只要重点关注那些与目标内涵和目标实现有显著因果逻辑关系的关键流程和关键工作，不需要将全部管理工作都纳入评价范围。

（三）绩效指标体系——以H省F县水务供排一体化PPP项目为例

1.项目基本信息

项目基本信息见表5-1。

表5-1 项目基本信息

项目名称	H省F县水务供排一体化PPP项目
所属行业/领域	市政工程/污水处理
行业主管部门	F县住房和城乡规划建设局

续表

项目实施机构	F县住房和城乡规划建设局
项目公司	H县水务建设投资有限公司
项目批准时间*	2016年7月
合同签订时间	2016年12月25日
开始运营时间	2016年12月26日
项目合作期限	30年（2016年12月26日至2046年12月25日）
运作方式	TOT（移交—经营—移交模式）
项目内容	项目合作范围共包括2座存量污水处理厂，综合处理能力5万t/d，厂外配套污水管网105.1km，其中第一污水处理厂设计处理规模3万t/d，于2015年8月完成提标升级改造；第二污水处理厂设计处理规模2万t/d，于2014年10月投入运行。出水水质均执行一级A标准
项目绩效目标	1.产出目标：污水处理设施连续、稳定运行，年计划内停运不超过15天，年出水水质达标率不低于98%；设施设备始终处于良好的运行状态，主要工艺设备完好率不低于90%； 2.效果目标：BOD（生化需氧量）、TN（总氮）、TP（总磷）和NH_4-N（氨氮）等主要水污染物削减率不低于设计标准；无环境事故； 3.项目管理目标：管理组织健全、制度完善，管理规范；人员规模及结构配置合理；无重大安全生产事故发生；财务具有可持续能力

注：*政府批准项目实施方案的时间。

2.绩效评价重点指标解读

（1）设施设备利用率。保持较高的运行率是进行运营质量评价的前提，是个基础性指标。实践中也会有部分处理厂虽然运行率很高，水量长期处于低负荷状态或进水污染物浓度很低，这些处理设施的使用效率自然很低。当把运行率、平均水力负荷率和平均重铬酸盐指数（COD_{Cr}）负荷率结合起来就能够较准确地反映出城镇污水处理厂的综合使用效率。但是，导致污水处理厂运行负荷长期不足的原因可能是复杂的，如设计处理规模偏大、配套管网建设滞后、区域城市发展缓慢等，这对于单厂运营的项目来说，项目公司（社会资本）无法通过改善其管理或提高服务质量改变平均水力负荷不足的这一现实，即便是对于本案例以“厂网一体化”的方式运作的项目，如果项目公司（社会资本）仅对存量管网设施负有维护责任时，同样也只能被动地接受。基于这样的合同安排和按效付费的评价目的，不建议把平均水力负荷率这一指标再纳入评价体系，可以调整为进厂水量与实际处理水量的差异情况来考察项目是否持续足量地处理了污水，从而更加客观地评价项目公司（社会资本）持续稳定运营的能力。

（2）污染物削减量（率）综合指数。效果指标可以促使项目公司（社会资本）将公共利益纳入日常经营管理范围，使得项目目标与社会总体需求以及受益人的要求相一致，有利于推进主要利益相关方对项目运行绩效的参与度和认同感。污染物削减量综合指数、污染物削减率综合指数等环境效益指标，也有利于引导和鼓励项目公司（社会资本）充分利用现有设施最大限度地去除污染物，朝着实现项目效果方面努力，从而切实发挥公共资金的使用效果。但这些指标应该是可监测的，在没有直接指标或收集数据不可行或成本过高的情况下，也可以使用代理指标。本案例中，项目公司（社会资本）对厂外管网负有维护责任，评价工作组选择采用污染物收集效能这一指标来间接地反映项目公司对管网的维护质量，这是因为虽然这一指标考察的是污水处理厂进水的主要污染物浓度，但实质上反映了污水收集效能，可以间接地反映出污水收集管网的维护质量。

3.绩效评价体系设置参考

绩效指标体系见表5–2。

表5–2　绩效指标体系

一级指标	二级指标	三级指标	指标解释
产出	水处理	污水处理率	污水处理厂处理水量和服务范围污水排放量的比值
		实际处理水量	通过进厂水量与实际处理水量的差异，考察进厂污水是否得到全部处理
		水质综合达标率	评价时段内出水COD（化学需氧量）、BOD、NH_4–N、TN、TP日均值符合排放限制的天数占运行天数的百分比
	污泥处置	泥质综合达标率	评价时段内出泥含水率的日均值达到设计含水率的天数占运行天数的百分比
		污泥处置率	按照污泥资源化利用（包括土地利用、建材利用）、焚烧、卫生填埋以及其他方式和不知去向的处置的量按一定权重加权后的量与产泥总量的比值
	设施设备利用率	污水处理设施运行率	运行天数占评价时段总日历天数的百分比，一般要求不应小于80%
		平均水力负荷率	实际日平均污水处理量占设计日污水处理量的百分比
		平均COD_{Cr}负荷率	实际进水中COD总量占设计进水中COD总量的百分比，一般要求不低于40%
	设施设备完好率	全部设备完好率	评价时段内工艺设备、动力设备、检测设备、控制设备和运输设备（不包括办公及生活设备）等全部设备完好台时数与全部设备总台时数的比值

续表

一级指标	二级指标	三级指标	指标解释
产出	设施设备完好率	主要工艺设备完好率	评价时段内实现污水处理和污泥处理功能必不可少的设备的完好台时数与主要工艺设备总台时数的比值
		无备用主要工艺设备完好率	评价时段内实现污水处理和污泥处理功能必不可少且没有备用的设备的完好台时数与无备用主要工艺设备总台时数的比值
		主要构筑物完好率	评价时段内实现污水处理和污泥处理功能必不可少的构筑物完好日数与构筑物总数的比值
效果	环境效益	主要污染物收集效能	评价时段内进厂COD、TN、TP、NH_4-N等主要水污染物
		污染物削减量综合指数	评价时段内处理单位污水削减的污染物综合加权度量
		污染物削减率综合指数	评价时段内污染物平均削减率指数按一定权重加权后的度量
		恶臭及噪声控制	噪声、恶臭污染物及废气排放是否符合相关政策法规或合同约定的相关排放限值要求
		环境风险管理	是否制定相应的环境保护、自然灾害等应急预案；是否发生造成土壤和地下水污染或破坏环境、水土流失的事故
	能耗物耗	单位污水耗电量	评价时段内处理单位污水所消耗电量的平均值
		单位污水处理药耗	评价时段内处理单位污水所消耗药剂（混凝剂、絮凝剂、碳源、消毒剂）的综合平均值
		单位耗氧污染物耗电量	评价时段内处理单位耗氧污染物削减量电耗的平均值
		单位干污泥耗药量	评价时段内单位干固体脱水药耗的平均值
	公众参与	信息披露	是否按照要求定期通过公开信息平台或便于公众知晓的方式公开环境信息
		公共教育	通过现场讲解、多媒体展示等形式，让市民较为直观地了解污水处理等相关环保知识，提高人们的环保意识
		满意度	社会公众及相关政府部门对项目公司工作开展的满意程度
管理	组织管理	人员规模与结构	考察人员规模是否合理，结构配置能否满足项目日常运作需求
		机构设置	项目公司组织架构是否完整，专业部门设置是否满足行业要求；各部门职责及对应岗位职责是否明确
		职业健康管理	项目公司是否已建立职业健康安全管理体系，是否建立职业事故和疾病、危险情况事故的报告和记录程序的制度；是否定期进行职业健康与安全培训，组织职业健康检查；个人防护用具保养是否得当；评价时段内是否发生重大职业安全（工伤）事故

续表

一级指标	二级指标	三级指标	指标解释
管理	生产管理	运行管理	设施运行与维护管理制度、岗位操作规程、设施设备维护保养等相关制度完备，并定期修订；运行管理、操作和维护人员必须掌握处理工艺和设施、设备的运行、维护要求及技术标准；技术负责人和生产运行关键岗位人员应经培训后持证上岗，并应定期评价
		化验管理	污水处理厂的运行应有检测数据的支撑和指导，主要化验室配置是否符合要求，进、出厂水质和泥质监测（采样点、频率、检测项目）符合相关要求
		信息数据管理	在线仪器仪表等的运行状况；中央控制系统功能是否完善、运行是否正常，是否符合城镇污水处理管理信息报送的要求
		档案管理	电气、仪表、机械设备的台账（包括运行台时记录、设备维修保养记录、设施维护、维修记录）完整，试验化验、工艺运行控制参数、生产运行计量及材料消耗以及库存和污染物减排等生产运行记录准确，如实反映全部设备、设施、工艺及生产运行情况
	安全管理	组织机构与职责	单位主要负责人和安全生产管理人员须具备相应的安全生产知识和管理能力；相应的岗位责任制度、巡回检查制度、交接班制度、安全防护制度、事故报告制度完善，且执行到位；结合工作岗位定期对职工进行专门的安全教育，并有安全教育台账
		安全生产费用与保险	是否建立安全生产投入长效机制，保证安全生产投入的有效实施；必须依法参加工伤社会保险，为从业人员缴纳保险费
		现场安全	生产现场在危险区域及主要的工艺节点是否按要求设置明显警示标志，配备安全防护用品；易燃易爆、有毒有害气体报警器等强检器具是否定期进行校验和检定；化学药剂的储存与使用符合相关规定
		应急准备与响应	是否根据实际运行特点制定各种应急技术措施，包括：触电、中毒、防汛、关键性生产设备紧急抢修、重大水质污染、严重超负荷运行、压力容器故障、氯气泄漏、沼气泄漏、硫化氢等有毒有害气体泄漏、防火防爆、防自然灾害、防溺水、防高空坠落和化验室事故等应急预案，并按要求配备相关的应急设施、装备、物资；员工应定期接受应急救援方面的教育、培训、演练和评价
		事故、报告与处理	评价时段内是否发生安全生产事故；如发生安全事故或遇突发事件，项目公司是否立即启动本单位应急预案，采取防护措施、组织抢修，并及时向有关部门报告
	财务管理	会计核算	会计核算是否真实、准确、完整、及时和可比较；运营资金的筹措、使用情况的记录明确，相关票据凭证依据是否清晰；财务人员是否持证上岗
		成本控制	有明确的成本核算或计划管理办法、成本控制办法；日常成本费用清晰、有序；是否有针对性地采取技术革新、开源节流、提高效率、完善成本约束机制等措施，降低和控制运营成本
		财务可持续能力	生产性资金和流动资金充足的，可以确保项目正常生产运行所需；考察项目公司是否存在明显的短期偿债压力

三、垃圾处理（焚烧发电）

（一）行业概述

垃圾处理（焚烧发电）行业事关环保和民生，具有地方需求强烈、产出明确、现金流稳定、行业市场化程度高等特点，70%左右的收入来源于售电，与绩效评价结果挂钩的垃圾处理费仅约占30%，评价风险适中。2019年住房和城乡建设部发布《生活垃圾焚烧厂评价标准》CJJ/T 137—2019，用于规范生活垃圾焚烧发电项目的综合评价。该评价标准将焚烧厂评价等级分为五个级别，即AAA级、AA级、A级、B级、C级。AAA级焚烧厂为达到无害化处理，处于国内领先水平；AA级焚烧厂为达到了无害化处理，处于国内先进水平；A级焚烧厂为达到了无害化处理；B级焚烧厂为基本达到了无害化处理，尚需改善提高；C级焚烧厂为未达到无害化处理。焚烧厂的综合评价得分应按照工程建设水平评价得分（权重系数为0.3）和运行管理水平评价得分（权重系数为0.7）加权计取。同时，福建、江苏等也出台了地方性的评价监管标准，这些评价标准涵盖了项目的建设和运营，切合行业特点，体系完整，重点突出，为垃圾领域PPP项目的绩效指标制定提供了良好的参考和借鉴。

（二）绩效评价体系设置

垃圾处理（焚烧发电）行业现有的绩效评价体系基本比较健全，相应的三级指标可参考现行有效的政策标准规范以及行业惯例，同时根据项目特点（合作内容、收入来源、付费方式等）、监管要求等对绩效评价体系加以完善和差异化设置。惩罚和激励手段并重，合理设定项目绩效指标。

1.加大信息公开与公众监督环节评价力度

垃圾处理（焚烧发电）厂专业性强，社会公众对此类项目的建设和运营认知程度不高，尤其在焚烧工艺、烟气排放与污染治理等专业领域，容易出现信息不对称的现象，从而诱发“邻避效应”。

因此，建议从以下方面加大绩效评价力度。

（1）建设阶段重点评价“装、树、联”（依法安装自动监测设备、厂区门口树立电子显示屏、自动监测数据与生态环境主管部门联网）的执行情况。

（2）运营阶段重点评价对公众的开放情况，如允许公众、媒体进入垃圾焚烧发电厂进行参观、监督，鼓励项目公司（社会资本）承担环保教育基地的职责。

2.重点关注影响项目公司（社会资本）成本与收益的相关指标

鉴于目前垃圾处理（焚烧发电）行业竞争异常激烈，容易出现低价中标现象，导致项目后期运营效果得不到保障。建议在运营绩效评价中重点关注项目运营、项目维护、成本效益等方面的评价指标，确保垃圾处理（焚烧发电）厂运行正常、各项环保指标达标，项目公司（社会资本）处于合理收益水平。

3.加强绩效评价组成员的专业性

对项目公司（社会资本）实际评价中，评价内容和指标涵盖工艺、技术、运营、管理、法律、财务等多方面，评价工作组成员的专业性会直接影响绩效评价结果。因此建议聘请对行业运营、管理较为专业的专家，客观公正地开展绩效评价，可委托第三方专业机构开展。

4.应考虑设置激励性指标

在现有的PPP项目绩效评价体系中，惩罚性指标居多，激励性指标设置不足，难以对项目公司（社会资本）的长期运营产生正向激励，导致项目公司（社会资本）在技术更新、规范运营、节能减排、成本控制等方面提升的动力不足。建议在垃圾处理（焚烧发电）PPP项目绩效评价体系中适当设置激励性指标，对实际绩效优于设定标准的可以适度加分。

5.设置必要的再谈判机制

垃圾处理（焚烧发电）PPP项目合作期限长，通常在20～30年。运营过程中，基于各项行业标准的提高，项目产出要求和绩效指标变化很难避免，合作双方应通过必要的再谈判机制对绩效评价体系进行适时调整，在通过绩效评价实现公共服务提质增效目标的同时，有效保障项目公司（社会资本）的合理收益，提高项目公司（社会资本）的积极性和主观能动性。因此，建议在绩效评价中考虑设置必要的再谈判机制。

（三）绩效指标体系——以B市垃圾焚烧发电处理PPP项目为例

1.项目基本信息

项目基本信息见表5-3。

表5-3　项目基本信息

项目名称	B市中心城区垃圾焚烧发电处理PPP项目
所属行业/领域	市政工程/垃圾处理
项目实施机构	B市住房和城乡建设局
运作方式	BOT（建设—运营—移交模式）
项目合作期限	30年
项目总投资	约5亿元
项目合作内容和范围	主要建设垃圾储坑、焚烧炉及烟气处理、发电机组、净水系统、飞灰处理系统及综合办公楼等，配置1×750t/d生活垃圾焚烧线+1×18MW凝汽式汽轮机+1×18MW发电机，生活垃圾日处理量为750t
投资回报机制	可行性缺口补助
项目公司收入来源	1.垃圾焚烧余热发电上网销售收入； 2.政府支付垃圾处理服务费； 3.其他综合利用产品（如炉渣及副产品）销售收入等
调价机制涉及因素	1.项目总投资变化； 2.上网电价或税收政策调整； 3.物价指数变化
垃圾处理费支付	采取“月度计量核算、季度评价支付、年底最终结算”的方式
评价与付费挂钩	1.建设期绩效评价结果与建设期履约担保扣除比例挂钩； 2.运营期绩效评价结果与垃圾处理服务费支付比例挂钩
其他设定	设定当年进厂垃圾基础需求量（生活垃圾最低供应量），非项目公司责任导致达不到设定的最低垃圾基础需求量由政府方将不足部分补齐

2.绩效评价重点指标解读

（1）建设期绩效指标。垃圾处理（焚烧发电）PPP项目是强运营类项目，建设风险普遍较低。因此，在建设期绩效评价指标设置上，可将项目建设阶段工程进度、质量控制、安全施工目标等常规指标予以弱化，将影响后续运营及行业监管要求的相关指标如建设水平、投资控制、必须存档的文件和资料、信息公开作为评价重点。

依据项目的具体情况，产出指标可考虑设置40分±10分，效果指标30分±10分，管理指标30分±10分。

依据住房和城乡建设部发布的《生活垃圾焚烧厂评价标准》CJJ/T 137—2019的规定，在一级指标（产出指标）的二级指标（竣工验收）中设置建设水平（AAA级、AA级、A级、B级、C级）三级指标，考察是否达到预先设定等级的建设要求。包括但不限于以下设施、系统的建设情况：①垃圾计量设施（包括汽车衡数量、汽车衡精度和入炉垃圾计量设备）；②垃圾接收系统［包括卸料大厅、垃圾池容量、臭气控制设施和垃圾预处理系统（针对流化床焚烧厂）等］；③垃圾焚烧系统［包括焚烧线设置、自动燃烧控制系统（ACC）、炉膛主控温度区设计、炉膛主控温度区温度监测、焚烧供风系统、助燃燃烧器配置等］；④热能利用系统；⑤烟气净化系统［包括酸性气体脱除、NO_x（氮氧化物）脱除、重金属与二噁英去除、颗粒物去除等］；⑥在线监测（包括在线监测系统配置、在线监测指标数量、监测数据与监管部门联网、标准气配置、公共显示牌等）；⑦飞灰输送与处理（包括厂内输送、存储设施、处理设施等）；⑧渗沥液收集与处理；⑨安全设施。

在一级指标（管理指标）的二级指标（档案管理）中设置必须存档的文件和资料三级指标，考察其档案管理情况。包括但不限于：①项目建议书及其批复文件，可行性研究报告（或项目申请报告）及其批复（核准）文件；②环境影响评价报告及其批复文件；③初步设计说明书；④焚烧炉炉膛主控温度区温度测点布置图（竣工图）及烟气停留时间计算书；⑤焚烧炉炉膛竣工图纸（实际施工与设计图纸不同时）；⑥焚烧炉助燃燃烧器设计选择资料及设备资料；⑦烟气净化设备本体设计计算书（如有）及相关图纸；⑧有关技术改造资料；⑨焚烧线启动调试资料（可重点提供焚烧炉、烟气净化等重点设备的调试记录资料）；⑩被评价焚烧厂工程建设信息数据统计表。

在一级指标（管理指标）的二级指标（信息公开）中设置"装、树、联"的执行情况三级指标，考察其是否按照《关于生活垃圾焚烧厂安装污染物排放自动监控设备和联网有关事项的通知》（环办环监〔2017〕33号）要求，依法依规安装污染物排放自动监测设备、厂区门口树立电子显示屏实时公布污染物排放和焚烧炉运行数据、自动监测设备与生态环境主管部门联网。

（2）运营期绩效指标。依据项目的具体情况，产出指标应作为按效付费的核心指标，指标权重应不低于总权重的80%，其中项目运营指标和项目维护指标应不低于总权重的60%。因此，产出指标可考虑设置80分（其中：项目运营指标40分、项目维护指标20分、成本效益15分、安全保障5分），效果指标10分，管理指标10分。

依据住房和城乡建设部发布的《生活垃圾焚烧厂评价标准》CJJ/T 137—2019的规定，在一级指标（产出指标）的二级指标（项目运营）中设置入炉垃圾管理、运行时间及垃圾焚烧量、焚烧炉运行工况、烟气净化效果、飞灰处理、渗沥液处理等三级指标，考察是否达到预先设定等级的运营要求：①入炉垃圾管理包括垃圾混合匀化（针对炉排放）和预处理效果（针对流化床炉）；②运行时间及垃圾焚烧量包括单条焚烧线年累计运行小时数和焚烧垃圾量（平均每日焚烧垃圾量和最高月均每日焚烧垃圾量）；③焚烧炉运行工况包括燃烧控制、停炉启炉、灰渣热灼减率检测、炉膛主控温度区温度、锅炉出口氧含量和烟气CO（一氧化碳）浓度等；④烟气净化效果包括颗粒物、HCl（氯化氢）、SO_2（二氧化硫）、NO_x、重金属与二噁英浓度以及烟气污染物在线监测数据随机抽查；⑤飞灰处理包括处理设施运行、稳定化物检测和浸出毒性检测结果等；⑥渗沥液处理。

在一级指标（产出指标）的二级指标（项目维护）中设置垃圾计量设备运行维护、在线监测系统维护等三级指标，考察垃圾计量设备检定和垃圾量记录资料，气体分析仪器校准、颗粒物检测仪校验（比对）、炉膛主控温度区测温热电偶的更换等维护情况。

在一级指标（效果指标）的二级指标（可持续性）中设置厂内环境三级指标，考察臭气控制效果、卸料大厅（卸料区）环境、灰渣输送存储和处理区环境、药剂存储制备区环境。

在一级指标（管理指标）的二级指标（档案管理）中设置必须存档的文件和资料三级指标，考察其档案管理情况。包括但不限于：①全年垃圾进场计量和入炉计量资料；②全年炉膛主控温度区温度记录资料；③全年辅助燃料消耗量和单位辅助燃料消耗量（处理每吨垃圾辅助燃料消耗量）；④全年灰渣热灼减率的检测资料；⑤全年发电和上网电量记录资料；⑥全年烟气排放指标在线监测记录资料；⑦政府部门对焚烧厂排放物的监测资料（包括烟气、炉渣、飞灰、污水、厂界大气、臭气浓度、噪声等监测资料）；⑧全年分日（或分月）中和剂、还原剂、吸附剂和飞灰稳定剂（包括固化剂和螯合剂等）消耗量；⑨全年渗沥液排放在线监测资料；⑩年运行时间记录资料；⑪全年停炉检修及启炉、停炉记录资料；⑫焚烧厂管理制度；⑬各种仪表校准、校验记录资料；⑭其他能反映焚烧厂运行管理水平的资料，被评价焚烧厂运行管理信息数据统计表。

在一级指标（管理指标）的二级指标（信息公开）中设置公众开放情况三级指标，考察其按照《关于推进环保设施和城市污水垃圾处理设施向公众开放的指导意见》（环宣教〔2017〕62号）要求对公众的开放情况。

3.绩效评价体系设置参考

B市中心城区垃圾焚烧发电处理PPP项目绩效评价分为建设期和运营期。

（1）建设期绩效指标体系见表5-4。

表5-4　建设期绩效指标体系

一级指标	二级指标	三级指标	指标解释
产出	竣工验收	建设水平（AAA级、AA级、A级、B级、C级）	是否达到预先设定等级的建设要求。 包括但不限于以下设施、系统的建设情况： 1.垃圾计量设施（包括汽车衡数量、汽车衡精度和入炉垃圾计量设备）； 2.垃圾接收系统［包括卸料打听、垃圾池容量、臭气控制设施和垃圾预处理系统（针对流化床焚烧厂）等］； 3.垃圾焚烧系统［包括焚烧线设置、自动燃烧控制系统（ACC）、炉膛主控温度区设计、炉膛主控温度区温度监测、焚烧供风系统、助燃燃烧器配置等］； 4.热能利用系统； 5.烟气净化系统（包括酸性气体脱除、NO_x脱除、重金属与二噁英去除、颗粒物去除等）； 6.在线监测（包括在线监测系统配置、在线监测指标数量、监测数据与监管部门联网、标准气配置、公共显示牌等）； 7.飞灰输送与处理（包括厂内输送、存储设施、处理设施等）； 8.渗沥液收集与处理； 9.安全设施
		投资控制	实际投资与预估投资的符合程度
		工程进度	1.进度管理制度； 2.进度保障措施； 3.工程实际进度与计划进度的符合程度
		质量控制	1.质量管理制度； 2.参建单位及人员资质（勘察、设计、施工、监理等）； 3.质量监督
		安全施工目标	1.安全管理制度； 2.安全监督； 3.安全教育； 4.安全事故
效果	社会影响	—	评价项目建设活动对社会发展所带来的直接或间接的正面/负面影响情况，如新增就业、社会荣誉、重大诉讼、公众舆情与群体性事件等
	生态影响	—	评价项目建设期间对生态环境所带来的直接或间接的正面/负面影响情况，如节能减排、环保处罚等
	可持续性	—	评价项目公司是否做好项目运营准备工作，如资源配置、潜在风险及沟通协调机制等
	满意度	—	政府相关部门、项目实施机构、社会公众（服务对象）对项目公司建设期间相关工作的满意程度
管理	组织管理	—	评价项目公司组织架构是否健全、人员配置是否合理，能否满足项目日常运作需求

续表

一级指标	二级指标	三级指标	指标解释
管理	资金管理	—	评价项目资本金及项目公司融资资金的到位率和及时性
	档案管理	必须存档的文件和资料	包括但不限于： 1.项目建议书及其批复文件，可行性研究报告（或项目申请报告）及其批复（核准）文件； 2.环境影响评价报告及其批复文件； 3.初步设计说明书； 4.焚烧炉炉膛主控温度区温度测点布置图（竣工图）及烟气停留时间计算书； 5.焚烧炉炉膛竣工图纸（实际施工与设计图纸不同时）； 6.焚烧炉助燃燃烧器设计选择资料及设备资料； 7.烟气净化设备本体设计计算书（如有）及相关图纸； 8.有关技术改造资料； 9.焚烧线启动调试资料（可重点提供焚烧炉、烟气净化等重点设备的调试记录资料）； 10.被评价焚烧厂工程建设信息数据统计表
		其他相关资料	评价项目建设其他相关资料的完整性、真实性以及归集整理的及时性
	信息公开	"装、树、联"的执行情况	按照《关于生活垃圾焚烧厂安装污染物排放自动监控设备和联网有关事项的通知》（环办环监〔2017〕33号）要求，依法依规安装污染物排放自动监测设备、厂区门口树立电子显示屏实时公布污染物排放和焚烧炉运行数据、自动监测设备与生态环境主管部门联网
		其他信息公开情况	评价项目公司履行信息公开义务的及时性与准确性

（2）运营期绩效指标体系见表5-5。

表5-5　运营期绩效指标体系

一级指标	二级指标	三级指标	指标解释
产出	项目运营	入炉垃圾管理	垃圾混合匀化（针对炉排放）和预处理效果（针对流化床炉）
		运行时间及垃圾焚烧量	单条焚烧线年累计运行小时数和焚烧垃圾量（平均每日焚烧垃圾量和最高月均每日焚烧垃圾量）
		焚烧炉运行工况	燃烧控制、停炉启炉、灰渣热灼减率检测、炉膛主控温度区温度、锅炉出口氧含量和烟气CO浓度等
		烟气净化效果	颗粒物、HCl、SO_2、NO_x、重金属与二噁英浓度以及烟气污染物在线监测数据随机抽查

续表

一级指标	二级指标	三级指标	指标解释
产出	项目运营	飞灰处理	处理设施运行、稳定化物检测和浸出毒性检测结果等
		渗沥液处理	评价渗沥液处理是否达到设计要求，排放水质是否满足要求
		其他运营情况	评价项目运营的数量、质量与时效等目标完成情况，如完成率、达标率与及时性等
	项目维护	垃圾计量设备运行维护	垃圾计量设备检定和垃圾量记录资料
		在线监测系统维护	气体分析仪器校准、颗粒物检测仪校验（比对）、炉膛主控温度区测温热电偶的更换等
		其他维护情况	评价项目设施设备等相关资产维护的数量、质量与时效等目标完成情况，如设施设备维护频次、完好率与维护及时性等
	成本效益*	—	评价项目运营维护的成本情况，如成本构成合理性、实际成本与计划成本对比情况、成本节约率、投入产出比等
	安全保障	—	评价项目公司在提供公共服务过程中安全保障情况，如重大事故发生率、安全生产率、应急处理情况等
效果	经济影响	—	评价项目实施对经济发展所带来的直接或间接的正面/负面影响情况，如对产业带动及区域经济影响等
	生态影响	—	评价项目实施对生态环境所带来的直接或间接的正面/负面影响情况，如节能减排、环保处罚等
	社会影响	—	评价项目实施对社会发展所带来的直接或间接的正面/负面影响情况，如新增就业、社会荣誉、重大诉讼、公众舆情与群体性事件等
	可持续性	厂内环境	臭气控制效果、卸料大厅（卸料区）环境、灰渣输送存储和处理区环境、药剂存储制备区环境
		其他可持续性	评价项目在发展、运行管理及财务状况等方面的可持续性情况
	满意度	—	政府相关部门、项目实施机构、社会公众（服务对象）对项目公司提供公共服务质量和效率的满意程度
管理	组织管理	—	评价项目运营管理实施及组织保障等情况。如组织架构、人员管理及决策审批流程等
	财务管理	—	评价项目资金管理、会计核算等财务管理内容的合规性
	制度管理	综合管理	管理体系认证、安全管理、管理制度、信息化管理、关键参数的电子文件储存、运行资料纸质文件保存、焚烧厂综合状况等
		其他制度	评价内控制度的健全程度及执行效率

续表

一级指标	二级指标	三级指标	指标解释
管理	档案管理	必须存档的文件和资料	包括但不限于： 1.全年垃圾进场计量和入炉计量资料； 2.全年炉膛主控温度区温度记录资料； 3.全年辅助燃料消耗量和单位辅助燃料消耗量（处理每吨垃圾辅助燃料消耗量）； 4.全年灰渣热灼减率的检测资料； 5.全年发电和上网电量记录资料； 6.全年烟气排放指标在线监测记录资料； 7.政府部门对焚烧厂排放物的监测资料（包括烟气、炉渣、飞灰、污水、厂界大气、臭气浓度、噪声等监测资料）； 8.全年分日（或分月）中和剂、还原剂、吸附剂和飞灰稳定剂（包括固化剂和螯合剂等）消耗量； 9.全年渗沥液排放在线监测资料； 10.年运行时间记录资料； 11.全年停炉检修及启炉、停炉记录资料； 12.焚烧厂管理制度； 13.各种仪表校准、校验记录资料； 14.其他能反映焚烧厂运行管理水平的资料，被评价焚烧厂运行管理信息数据统计表
		其他相关资料	评价项目运营、维护等相关资料的完整性、真实性以及归集整理的及时性
	信息公开	公众开放情况	按照《关于推进环保设施和城市污水垃圾处理设施向公众开放的指导意见》（环宣教〔2017〕62号）要求对公众的开放情况
		其他信息公开情况	评价项目公司履行信息公开义务的及时性与准确性

注：*PPP项目合同中未对运营维护成本控制进行约定的项目适用本指标。

四、高速公路

（一）行业概述

高速公路项目具有投资规模大、建设周期长、建设风险较高等特点，同时会对地方经济社会发展、居民生产生活条件的改善等经济社会效益产生较为显著和广泛的影响。纳入国家高速公路网的高速公路项目一般可申请到中央车辆购置税补助资金，同时，高速公路项目本身具有稳定且逐步增长的现金流（使用者付费），上述特点使得高速公路成为社会资本较为青睐的投资项目。高速公路PPP项目绩效评价指标内容和分值设置的科学性、合理性事关投资方、政府方和社会民众等多方利益，且作为典型的线性工程，进行包括全路段评价、隐蔽工程评价和应急措施评价在内的全面评价难度较大；而评价数据资料来源的规范性、可得性和评价方法的可操作性影响项目绩效评价工作的具体实施和成本投入。

（二）绩效评价体系设置

高速公路PPP项目绩效评价指标应结合相关政策要求进行设置，产出指标应作为按效付费的核心指标，指标权重不低于总权重的80%，其中项目运营指标与项目维护指标之和不应低于总权重的60%。高速公路行业的国家及行业标准、规范较为全面，但绩效评价除了国家、行业及地方标准、规范以及合同约定的标准以外，还应考虑其余未覆盖的重点内容以及项目本身的具体情况。高速公路PPP项目绩效评价所关注的项目产出重点内容在建设期和运营期有所不同。

1.建设期产出核心指标——工程质量

高速公路项目最主要的产出即提供交通运输的公路工程，其在建设期应重点关注资金管理、施工组织设计、工程变更、工程质量、工程进度、环境保护、安全管理、科技创新和智慧公路建设等指标。其中工程质量为最重要产出指标，最低产出要求应为合格，即根据《公路工程质量检验评定标准》JTG F80/1—2017、《公路工程竣（交）工验收办法》（2004年交通部令第3号）、《公路工程竣（交）工验收办法实施细则》（交公路发〔2010〕65号）等要求进行的工程质量评分达到75分及以上。

2.运营期产出核心指标——路况及运营服务水平

运营期应主要关注公路技术状况指数、服务水平、安全管理、路政管理、信息管理、经营开发管理、环境保护等指标，其中路面技术状况指数是最重要的产出指标。路况包括公路技术状况指数（MQI）、路面技术状况指数（PQI）、优等路率、桥梁技术状况、公路绿化栽植成活率、保存率等。

（三）绩效指标体系——以C省某高速公路项目为例

1.项目基本信息

项目基本信息见表5-6。

表5-6　项目基本信息

项目名称	C省高速公路PPP项目
所属行业/领域	交通运输/高速公路
项目实施机构	C省交通运输厅
运作方式	BOT
项目合作期限	30年
项目总投资	约150亿元
项目合作内容和范围	高速公路收费及养护、服务区的运营及维护、广告业务运营，配合主管部门及路政管理机构进行路政管理和交通管理
投资回报机制	可行性缺口补助
项目公司收入来源	车辆通行费、可行性缺口补助

2.绩效评价重点指标解读

（1）建设期绩效指标。公路工程与其他工程不同，验收分为交工验收和竣工验收两个阶段，而竣工验收需通过项目交工验收并且缺陷责任期（通常为24个月）结束后方才进行。故此以竣工验收作为建设期结束的节点来对PPP项目进行建设期绩效评价不现实。此外，高速公路作为典型的线性工程，项目建设工程量大、跨度涉及范围广，通常都含有桥梁隧道等不同形态的工程，对于建设质量的评价需要具备十分专业且经验丰富的评价人员。

建议建设期通常以交工验收作为节点，而将竣工验收环节放在运营期绩效评价中予以考虑。在建设时间有限的情况下必须划分若干标段同步推进方可实现按期完工；因此，建设期绩效评价指标应根据《公路工程竣（交）工验收办法》《公路工程竣（交）工验收办法实施细则》等规定，重点围绕项目各标段、单位工程、分部工程、分项工程乃至检验批的合格率数据设置绩效评价评分指标。而对于需要具备专业且经验丰富的评价人员才能实施的项目，组织评价单位可委托专业的工程咨询单位协助其进行评价。

（2）运营期绩效指标。就高速公路PPP项目运营期核心产出指标而言，路况和为社会公众所提供的高速公路通行服务质量是最为重要的。如何评价高速公路路况以及基于高速公路路况质量所能提供的通行服务质量的好坏，是运营期绩效评价指标设置考虑的关键因素。尤其是针对通行服务质量除了标准和规范以外的内容大多不易量化，可能造成仅仅在绩效评价这一时间段提供高质量的通行服务水平。

建议高速公路PPP项目运营期绩效评价的关键指标可参照《公路技术状况评定标准》JTG 5210—2018的相关指标或权重进行设置，评价所需数据完全可采纳行业主管部门的公路技术状况指数（MQI）检测结果数据，同时需注意行业标准的更新对绩效评价带来的影响。

此外，除了常规现场评价外，还可通过无人机、互联网（例如通过App/小程序等方式鼓励社会公众共同参与到评价工作中）等先进科学技术进行评价，避免临阵磨枪等情况造成评价结果不够真实。

（3）其他评价指标。其他评价指标包括运营期收费站管理、应急处理、服务区管理、应急措施、智慧公路等项目产出指标，生态影响、可持续性、社会满意度等项目效果指标的设置。

建议不同省份对于相关业务的实施主体和服务要求标准无须统一，可根据各地实际情况进行设置或取舍，但这些指标的权重一般不宜过高，根据项目具体情况可进行调整。

3.绩效评价体系设置参考

C省高速公路PPP项目绩效评价分为建设期和运营期。

（1）建设期绩效指标体系见表5-7。

表5-7　建设期绩效指标体系

<table>
<tr><th>一级指标</th><th>二级指标</th><th>三级指标</th><th>指标解释</th></tr>
<tr><td rowspan="3">产出</td><td rowspan="3">交工验收</td><td>工程质量</td><td>工程质量应符合《公路工程竣（交）工验收办法》等国家、行业相关标准、规范及本项目设计文件要求，做到交工验收合格</td></tr>
<tr><td>建设工期</td><td>建设工期符合《PPP项目合同》约定以及相关文件规定，在批准工期内完成项目建设</td></tr>
<tr><td>施工安全</td><td>1.建立安全管理制度及安全生产应急预案；安全责任落实到人；
2.现场安全管理符合《中华人民共和国安全生产法》《中华人民共和国建筑法》《中华人民共和国消防法》和《建设工程安全生产管理条例》（国务院令第393号）、《建设工程施工现场供用电安全规范》GB 50194—2014、《建筑施工安全检查标准》JGJ 59—2011、《生产安全事故报告和调查处理条例》（国务院令第493号）以及地方相关规定</td></tr>
<tr><td rowspan="3">效果</td><td>社会影响</td><td>媒体曝光</td><td>项目建设活动被媒体曝光情况</td></tr>
<tr><td>生态影响</td><td>环境保护</td><td>符合国家、行业相关环境保护要求</td></tr>
<tr><td>满意度</td><td>满意度</td><td>政府相关部门、项目实施机构、社会公众对项目公司建设期间相关工作的满意程度</td></tr>
</table>

续表

一级指标	二级指标	三级指标	指标解释
管理	组织管理	人力资源	项目公司组织架构是否健全、人员配置是否合理，能否满足项目日常运作需求
	资金到位	资本金到位	项目资本金的到位率和及时性
		融资到位	项目公司融资资金的到位率和及时性
	财务管理	财务制度	评价项目公司财务/资产管理制度是否健全
		资金拨付	评价项目公司是否及时按照要求拨付资金
		内部控制	项目公司是否制定完善的内控机制

（2）运营期绩效指标体系见表5-8。

表5-8　运营期绩效指标体系

一级指标	二级指标	三级指标	指标解释
产出	项目维护	公路技术状况指数	应符合届时有效的《公路技术状况评定标准》JTG 5210—2018
		收费站	收费站设施齐全完好，能够正常使用
		服务区	服务区设施齐全完好，能够正常使用
	项目运营	收费管理	1.收费站应根据相关政策文件合理开启车道； 2.严格执行地方收费标准
		路政管理	实行24小时路况巡查，按规定对辖区内的施工作业进行监督管理，维护施工现场秩序．确保辖区道路安全畅通
		交通管理	1.执行24小时超限超载检测工作； 2.称重设备必须由技术监督部门定期检测，出具合格证明后方可使用
	成本效益	成本控制	制定成本预算和成本控制制度并严格按照制度执行
	安全保障	安全管理	1.有年度安全工作计划、工作总结并及时上报； 2.每月组织一次安全综合检查，每次检查有方案、有内容、有记录，并在检查完成后10日内上报实施机构
		应急处理	有完善的应急抢修抢险预案，提供24小时紧急服务热线和紧急抢修抢险
效果	生态环境	环境保护	符合国家、行业相关环境保护要求

续表

一级指标	二级指标	三级指标	指标解释
效果	社会影响	媒体曝光	项目或项目公司被媒体曝光情况
	满意度	满意度	政府相关部门、项目实施机构、社会公众对项目公司运营期间相关工作的满意程度
管理	组织管理	人力资源	项目公司组织架构是否健全、人员配置是否合理，能否满足项目日常运作需求
	财务管理	财务制度	评价项目公司财务/资产管理制度是否健全
		资金使用	评价项目公司是否及时按照要求使用拨付资金
		内控制度	项目公司是否制定完善的内控机制
	档案管理	档案管理质量	评价项目公司的运营、维护等相关资料的档案管理质量
	制度管理	内控制度	项目公司应该具备健全的内控管理制度
	信息公开	信息发布	项目公司履行信息公开义务的及时性与准确性

五、水环境综合治理

（一）行业概述

2015年国务院印发《水污染防治行动计划》（国发〔2015〕17号）落地不久，财政部和环境保护部联合发布《关于推进水污染防治领域政府和社会资本合作的实施意见》（财建〔2015〕90号），对水污染防治领域PPP项目操作流程作出明确规范。提出了完善制度规范，优化机制设计，转变供给方式，改进管理模式，推进水污染防治，提高水环境质量的总体目标，以及存量为主、因地制宜、突出重点三大原则。要求水污染防治领域推广运用PPP模式，以费价机制透明合理、现金流支撑能力相对较强的存量项目为主，适当兼顾部分新建项目，充分考虑不同地区、不同流域和湖泊、不同领域项目特点，对纳入国家重点支持江河湖泊动态名录或水污染防治专项资金等相关资金支持的地区，采取差异化的合作模式与推进策略，率先推进PPP模式。

随着基础设施和公共服务领域PPP模式大力推行，大量的环境综合治理类PPP项目落地，对绩效评价的需求和实践也越来越多。环境综合治理类项目包含更丰富的合作内容，包括污水处理、河道（流域）治理、生态修复、景观工程等多种类型的建设和运营内容，这意味着该类项目的绩效评价设计和应用评价将面临较大的挑战。

（二）绩效评价体系设置

根据环境综合治理类项目内容复合型和准经营性的特点，重要指标设计主要考虑如下方面。

1.水系整治指标

水系整治指标是水环境治理项目运营的核心指标。该指标包含若干细项指标，主要包括以下指标：

（1）水质（环境）指标。该指标要求运营期水质满足要求的水质标准，且水体不得出现黑臭等感官性污染。一般要求项目公司（社会资本）做到城区水系水质不低于《地表水环境质量标准》GB 3838—2002中Ⅳ类标准，且应优于项目建设前的水质标准，同时要求经生态处理后污染排口负荷削减率达标，并保证河道水质标准。该指标以水质监测数据是否达标、是否出现感官性污染等进行评价。

（2）生态功能指标。该指标要求做好水生植物日常养护等工作，提高生物多样性，确保生态修复功能良好。一般要求项目公司（社会资本）做好植物植被的养护工作，并保障生物多样性得到改善与提升。该指标主要以植物数量与种类、水体生态修复能力进行评价。

（3）防洪排涝指标。该指标要求符合城市防洪标准，为防洪排涝做好日常维护检查，保证工程设施设备正常运行。一般要求项目公司（社会资本）做到城区内涝积水点基本消除或明显减少，或者在同等降雨条件下积水程度显著减轻，城市内涝得到有效防范。该指标以防洪排涝标准是否达标、水位调节功能等进行评价。

2.污水处理指标

该指标要求做好管道清淤、污水管网日常维护检查和污水处理工作，保持水质干净并达标。一般要求项目公司（社会资本）应该做好污水管网等设施设备日常维护检查，确保项目实施完好，污水处理率、污水排放均应达标，污泥处置妥当且不发生二次污染。该指标以污水处理设施水质达标、设施运维良好为主要评价目标。

3.垃圾处理指标

该指标要求做好底泥清淤、加强水体及其岸线的垃圾清理工作。一般要求项目公司

（社会资本）应该做好垃圾的清扫、收运等工作，保证水系沿岸干净整洁。该指标主要以卫生清扫情况、垃圾处理设施等进行评价。

4.景观绿化指标

该指标要求对绿化景观工程进行日常管理维护。一般要求项目公司（社会资本）确保各项景观绿化养护工作规范、维护及时、设施完好、绿化达标。该指标以景观绿化工程管理规范情况、日常运行情况来评价。

（三）绩效指标体系——以D市水生态治理PPP项目为例

1.项目基本信息

项目基本信息见表5-9。

表5-9　项目基本信息

项目名称	D市供排水及水生态治理PPP项目
所属行业/领域	生态建设和环境保护
项目实施机构	D市水务局
运作方式	BOT+TOT
项目合作期限	30年
项目总投资	约20亿元
项目合作内容和范围	将存量供水厂、污水处理厂及配套管网采用TOT模式转让给项目公司；新建污水处理厂和水环境治理项目采用BOT模式运营，由项目公司负责建设、运营及移交
投资回报机制	使用者付费+可行性缺口补助
项目公司收入来源	供水费、污水处理服务费、可行性缺口补助

2.评价指标体系

本项目分别设置了建设期绩效评价体系和运营期绩效评价体系。

根据项目建设标准和验收规范，本项目建设期绩效评价主要设置质量、进度、安全生产、文明施工、环境保护五大评价指标。

由于本项目包含的运营内容类型众多，因此对各子项目分别设置了运营维护绩效评价体系，分为城镇污水处理厂绩效评价体系、微型污水处理设施绩效评价体系、自来水厂绩效评价体系、水环境综合治理绩效评价体系，根据各子项目权重计算综合得分（下文以水环境综合治理子项目为例）。

3.绩效评价重点指标解读

（1）巡查监测。该指标要求有组织有计划地开展巡查和监测工作。一般要求项目公司事先制定巡查监测方案并落实到位，在项目覆盖区域广而人力资源有限的情况下，尽可能确保巡查监测工作的有效性，及时发现问题、上报问题，并按要求处置，该工作频率高、持续时间长又较为烦琐。该指标以巡查监测工作落实到位情况等进行评价。

（2）河道疏浚。该指标要求定期进行河床清淤，加强河床保护。一般要求项目公司摸排河床淤积情况，制定清淤计划，定期清淤，保证堤防护岸安全和行洪排涝畅通。该指标以河床保护情况、清淤计划制定、清淤工作开展情况等进行评价。

（3）水质改善。该指标要求运营期水质满足要求的水质标准，且水体不得出现黑臭等感官性污染。一般要求项目公司做到城区水系水质不低于《地表水环境质量标准》GB 3838—2002中Ⅳ类标准，且应优于项目建设前的水质标准，同时要求经生态处理后污染排口负荷削减率达标，并保证河道水质标准。该指标以水质监测数据是否达标、是否出现感官性污染等进行评价。

（4）河道防汛防台。该指标要求为防汛防台做好日常维护检查，保证工程设施设备正常运行。一般要求项目公司做到事前预防、事中落实、事后总结，同时需要服从主管部门的调度指挥，最大程度预防安全事故的发生。该指标以防汛防台工作是否有准备、是否服从调度指挥等进行评价。

（5）污水处理设施运行。该指标要求做好污水处理设施的日常维护工作，保障设施设备的正常运行。一般要求项目公司应该做好设施设备的运行管理和污水管网的日常维护检查，确保项目设施完好，污水处理率、污水排放均应达标，污泥处置妥当且不发生二次污染。该指标以污水处理设施设备运维良好为主要评价目标。

（6）景观绿化养护。该指标要求对绿化景观工程进行日常管理维护。一般要求项目公司确保各项景观绿化养护工作规范、维护及时、设施完好、绿化达标。该指标以景观绿化工程管理规范情况、日常运行情况来评价。

4.绩效评价体系设置参考

（1）建设期绩效指标体系见表5-10。

表5-10　建设期绩效指标体系

一级指标	二级指标	三级指标	指标解释
产出	竣工验收	质量	竣工验收的工程质量目标为合格，参考标准如下： 《建筑工程施工质量验收统一标准》GB 50300—2013、《给水排水构筑物工程施工及验收规范》GB 50141—2008、《城镇污水处理厂工程质量验收规范》GB 50334—2017、《给水排水管道工程施工及验收规范》GB 50268—2008、《园林绿化工程施工及验收规范》CJJ 82—2012、《水利水电工程等级划分及洪水标准》SL 252—2017、《水利水电工程施工质量检验与评定规程》SL 176—2007及其他相关的工程质量验收规范
效果	社会影响	文明施工	参照《建设工程施工现场消防安全技术规范》GB 50720—2011、《建设工程施工现场环境与卫生标准》JGJ 146—2013、《施工现场临时建筑物技术规范》JGJ/T 188—2009等，设置文明施工组织结构，做到现场围挡、封闭管理及无害处理等要求
	生态影响	环境保护	参照《建设工程施工现场环境与卫生标准》JGJ 146—2013中的绿色施工标准及环境卫生篇章，重点评价地面扬尘、施工噪声、废水污染、环境空气污染、固体废弃物排放及大面积填土取土弃土造成的水土流失
管理	组织管理	安全生产	参照《建筑施工安全检查标准》JGJ 59—2011等，不得发生较大及以上安全生产责任事故
		进度管理	开工日：以总监理工程师的开工令为准； 截止日：竣工验收合格之日或者政府方书面确认的其他日期，其中供排水基础设施项目自前述实际开工日起不超过2年；水生态治理项目自前述实际开工日起不超过3年

（2）运营期绩效指标体系见表5-11。

表5-11　运营期绩效指标体系

一级指标	二级指标	三级指标	指标解释
产出	项目维护	巡查监测	1.定期进行陆上巡查、水上巡查、其他检查、堤防护岸观测、河床断面观测、河道保护管理、堤顶道路管理、截污管道和污水泵站运行管理等； 2.巡查分为常规巡查和专项检查。常规巡查分为陆上巡查和水上巡查：陆上每天1次，水上每2周1次，重要河道每周1次，尽可能在退潮时巡查。专项检查包括汛前检查，每年遭遇暴雨洪水、超警戒水位等灾害性天气或突发性事件时的特别检查； 3.检查尽可能在基础、底坎最大限度地露出水面的情况下进行
		堤防养护	根据《堤防工程养护修理规程》SL 595—2013第3章和第4章的要求进行堤顶、堤坡、护坡、防渗及排水设施等的养护和修理

续表

一级指标	二级指标	三级指标	指标解释
产出	项目维护	河道疏浚	1.加强对易冲刷河段的河床保护。河床冲刷坑已影响堤防护岸安全时应采取抛石等措施予以修复； 2.及时清除河床内的阻水障碍物和废弃物，保证行洪排涝畅通。具备条件下每年均应对河床底进行水下地形观测，及时跟踪河床淤积情况； 3.项目公司应制定具体的河床清淤计划，并报河道堤防主管部门备案或批准，保证行洪排涝畅通； 4.河床淤积不得影响河道行洪排涝功能和排水管口的排水。对低水位时河道边滩暴露河段和河道淤积超过河床设计标高的河段宜及时进行疏浚； 5.河床清淤应按照设计河底标高和墙前设计覆土高程进行，禁止超挖，以保证堤防护岸安全；进行河床清淤时，若河床为人工铺底或抛石的，应疏挖至护底顶部标高
		闸坝设施设备运行	1.闸坝及其附属设施设备日常完好率 > 90%； 2.防汛闸站及其附属设施设备汛期完好率 > 98%； 3.严格执行引配水指令；控制好河道景观水位
		截污管理	1.应熟悉各雨水排放口及污水溢流口的位置、排水来源方向和收水范围以及过河管线位置等情况，对出现的突发水质问题能快速进行评估。发现污水排入河道，应跟踪调查记录在案，并在当天上报实施机构和河道主管部门； 2.截污管道无漏损，泵站设施完好率 > 90%； 3.排水设施应保持完好，检查井、雨水口应通顺。穿越堤防的排水管道，应防止高水位时潮（洪）水倒灌。外侧潮门（拍门）及内侧闸门应确保启闭灵活； 4.应每季度疏通排水管道、清捞检查井污泥。检查井井盖损坏应及时更换。排水潮门（拍门）应定期检修保养，一年两次；转动轴部件在每年汛前进行检修，汛后进行加油保养。每季度对拦漂设施进行养护、维修，使其处于完好状态。拦漂设施松动、变形、缺档或断裂时，应在一周内修理或更换
		污水处理设施运行	1.设备各部装置完整齐全，无破损、缺件；无明显锈蚀、脱漆；内外整洁、润滑良好、无泄漏； 2.设备性能要求：主要技术参数达到设备出厂标准，操作灵活，能满足工艺运行需要； 3.设备起动、运转正常，无异响，升温、噪声、振动均不超过设备出厂标准； 4.电气设备装置完整，操作灵活，绝缘等级达到设计要求，安全可靠； 5.管道排水通畅，管道及附属设施无渗漏、爆管、沉降等情况； 6.附属设施、安全标志完整，无缺失
		河道防汛防台	1.制定预案，落实抢险物资和应急队伍； 2.做好防汛应急值班，服从调度指挥； 3.汛前、汛中检查，落实责任； 4.汛后总结工作的及时性、针对性、有效性
		景观绿化养护	1.绿地内无裸地、死株、枯株、杂草，无大量枯枝落叶，及时清理修剪枝，病虫害防治及时，无缺肥、脱水现象； 2.应保持亲水平台、广场、通道、景观雕塑、建筑小品、亭阁、座椅、景观灯等景观设施完好。对需要油漆的设施每年油漆不少于1次，设施损坏后按原标准修复； 3.景观区内花式园路应保持清洁、平整，块体路面无松动、缺损、坑洼现象

续表

一级指标	二级指标	三级指标	指标解释
产出	项目维护	保洁	1.河面无漂浮物（种植物除外）；无沉船及未拆除的围堰等影响行洪的障碍物； 2.河岸无垃圾、无污垢；各类硬化设施干净、整洁，无涂刻招贴；无大面积垃圾；不得焚烧垃圾、树叶
		水质改善	1.水体应无恶臭、无异色、无异味； 2.对景观水体进行监测，监测频率每月不少于1次，水质应符合《地表水环境质量标准》GB 3838—2002的规定； 3.根据具体情况科学制定调水补水方案，经河道管理部门批准，开展水资源调度，维修养护单位应制定相应措施进行配合
		附属设施维护	1.标志牌、警示牌表面应洁净，牌上字体应完整、清晰、镶嵌牢固。若发生字体缺损、变形，应及时维修或更换。标志牌、警示牌应安装牢固，立柱应保持直立，无摇动； 2.护栏、栏杆发生变形、损坏、丢失应及时维修，立柱及水平构件松脱应及时紧固或更换。护栏表面应保持洁净。金属护栏表面应定期油漆，一般为一年一次； 3.水尺表面应保持洁净，擦洗工作每月不得少于一次。刻度线、读数应保持醒目清楚； 4.河道管理范围内的照明设施应保持完整，如有毁坏、遗失，应当及时维修或更换。每月定期对河道管理范围内的照明设施进行养护
	安全保障	安全保障	1.应制定安全生产管理制度，并定期开展安全隐患排查治理； 2.应制定健全的安全操作规程； 3.制定应急预案（应针对洪涝、停电、火灾、地震、主要设备故障、水质水量突变等突发性事件），经评审或论证后报相关主管部门备案，并进行定期演练； 4.按照相关要求和应急预案及时处理各类紧急情况和安全事故
效果	满意度	满意度调查	1.满足管理部门的管理要求； 2.满足社会公众对公共参与、监督水务及环保管理工作的要求
管理	组织管理	组织管理	1.管理权限明确，管理制度落实； 2.合理设置管理机构的岗位和人员编制，确定人员雇用计划； 3.人员素质、工种搭配和人员数量保证运营管理需要；现场管理人员持证上岗； 4.不断提高职工的专业知识与操作技能水平，配备必要的专业技术人员，并根据管理工作科学化的要求不断培养、补充专业技术人才，改善人员结构
	财务管理	财务管理	1.具有专门的财务管理人员，符合岗位责任； 2.财务审批流程规范； 3.账目、凭证、报表规范，按要求进行年度审计； 4.按时缴纳税收，无偷税漏税行为； 5.定期进行成本分析
	制度管理	制度管理	1.建立健全各项管理规章制度，包括人事管理制度、行政管理制度、财务管理制度、运维管理制度等，并定期更新完善； 2.建立运营管理的专项制度或健全的标准化管理手册； 3.各岗位应有健全的技术操作规程及岗位职责等； 4.建立完善的评价制度且按制度实施

续表

一级指标	二级指标	三级指标	指标解释
管理	档案管理	档案管理	1.应建立完整的档案管理体系，档案分类归卷保管；设专门的档案管理部门和管理人员； 2.大修和抢修工程档案应包括前期准备、施工管理、竣工资料等； 3.维修养护档案应按照维修养护要求，分类建立维修养护科目，定期整理归档，建立年度（月度）维修养护的生产统计、设施完好状况档案；所有运行管理都必须按规定做好记录，并按技术档案管理要求建立档案； 4.档案应逐步实施信息化管理

六、养老服务

（一）行业概述

养老行业是PPP模式重点鼓励应用行业，2016年12月国务院办公厅发布《关于全面放开养老服务市场提升养老服务质量的若干意见》（国办发〔2016〕91号），降低了市场准入和外资进入的门槛，逐步使社会力量成为发展养老服务业的主体，并明确提出利用PPP等模式建设或发展养老机构。

养老服务类PPP项目具有公益性明显、服务内容广泛、收益周期长、经营性强、服务对象特殊等特点，该类项目涉及养老照护、医疗护理、健康管理、餐饮、文娱活动管理、物业管理、消防安全管理、建筑及设施适老化、设施设备维护等众多领域，绩效评价体系较为复杂，在绩效指标设计与应用时存在诸多重点与难点。

（二）绩效评价体系设置

由于养老服务类项目服务对象为老年人，提供的不仅是设施服务，更多是一种软性服务，在实际操作中该类项目绩效指标的应用存在诸多难点。

1.软性服务质量指标评价的可评价与可实现性问题

养老服务类PPP项目提供的是设施设备等硬件服务和养老照护等软性服务兼具的综合服务，但在实际运作中，现有评价规范主要还是侧重于硬件服务的评价，软性服务的评价比重相对较低，软性服务质量指标评价存在可评价与可实现性问题。养老服务类项目核心目标是让服务接受者（入住老人）获得满意的服务体验，如何以核心目标为立足点设计相应的可评价软性服务质量指标，存在极大的考验。

相关指标评价建议如下：

（1）重视服务人员培训与技能提升指标，提高服务提供者服务质量水平。养老项目服务人员的技能水平和服务规范程度直接决定了项目的服务质量。随着养老护理员资格认定的取消，国家层面不再对人员的服务水平进行统一的评价，在没有硬性资格门槛时，应通过常规的"一对多"培训及严格的评价来满足当下对服务从业人员的现实需求。建议在绩效评价指标中，将服务人员的培训与技能提升作为评价的重要指标，对从业人员培训相关指标进行细化，对培训课程设置、培训内容、培训频次、培训市场、培训质量、培训比例、培训后上岗事项等提出明确的要求，同时重点测试参加培训的服务人员是否真的掌握了相关技能，综合建立实地演练、评优等测评机制，定期评估及评价服务人员的技能情况，确保从业人员真正做到落地应用和技能迭代提升。

（2）关注家属满意度调查，提高满意度调查结果的客观真实性。由于入住老人实施满意度评价的主客观条件存在一定限制（基于自身能力和主观表达意愿），除了设置入住老人满意度评价指标外，建议单独设置家属的满意度调查指标，向入住老人家属提供表达诉求的渠道，以此作为评价项目服务质量的方式之一。为防止评价的随意性，建议该项指标在应用时，应结合其他匿名手段综合验证。

（3）增加项目提升性指标，鼓励项目公司（社会资本）提升服务质量。除基本指标之外，应根据项目的实际情况和特色服务（如特色康复服务、专项照护等）制定提升性指标，通过指标激励，引导项目公司努力提升服务质量，提高受众满意度。

2.对可能产生重大社会影响的核心指标的评价应用问题

由于养老服务类PPP项目本质是对人的服务，且服务对象是老年人甚至是失能失智老人这一特殊弱势群体，若在项目服务中发生安全、卫生等事故，将产生严重的社会影响，因此，如何在绩效评价体系中合理应用影响社会稳定性的核心指标结果是项目绩效评价的另一重大难点问题。

相关指标评价建议如下：

（1）增加可能产生重大社会影响的核心指标评价比重或者设置"重大风险扣罚机制"。建议增加可能产生重大社会影响的核心指标评价比重或者设置"重大风险扣罚机制"，若在项目运营过程中发生重大安全、卫生等事故的，该年度项目公司（社会资本）绩效评价得分不得超过一定基准值，或者触发"重大风险扣罚机制"，可直接判定不合格，且约定政府有要求及时整改、提前终止项目合作的权利。同时，建议适当增加日常评价频次及增设抽查机制，以便及时了解项目运作状况，防控重大风险。

（2）预留项目绩效指标动态调整空间。预留项目绩效指标动态调整空间，在条件成熟时调整项目绩效指标，对绩效评价体系进行更新、完善与迭代，根据服务水平的提升情况，阶段性调整重点评价指标及对应的权重，形成体系完备、可操作性强、动态调整的绩效评价体系，以便更好地发挥绩效评价作用，保障项目可持续发展。

（三）绩效指标体系——以E市养老中心项目为例

1.项目基本信息

项目基本信息见表5-12。

表5-12　项目基本信息

项目名称	E市养老中心项目
所属行业/领域	养老
项目实施机构	E市社会福利中心
运作方式	委托运营
项目合作期限	15年
项目总投资	—
项目合作内容和范围	养老服务、物业运维服务、医疗康复服务及增值服务
回报机制	使用者付费
项目公司收入来源	养老照护收入、医疗康复收入和增值服务收入

2.绩效评价重点指标解读

一般养老服务类PPP项目绩效评价体系同其他行业类PPP项目类似，包括项目建设期绩效指标、运营期绩效指标和移交期绩效指标三个阶段评价指标。

（1）建设期绩效指标。建设期一般以产出、效果和管理为一级指标，针对投资、进度、成本控制、质量、综合管理等方面制定二、三级细化指标进行综合评价。该阶段指标设计与其他行业类项目大体相同，但应重点关注养老设施的适老化要求是否得到满足。由于案例所涉项目为存量项目，因此无须制定建设期绩效指标。

（2）运营期绩效指标。提供合格优质的养老服务是运营期的核心目标，运营期一般会以产出、效果和管理为一级指标，针对组织管理、服务质量、运营管理、综合管理等方面设置二、三级评价指标，该阶段重要指标包括养老照护指标、物业管理指标、设施设备指标等。

1）养老照护指标。养老照护指标是养老服务类项目运营的核心指标。该指标包含若干细项指标，主要包括以下指标。

养老护理服务指标：该指标要求运营期养老护理服务满足国家、各省市发布的相关标准规范及合同约定。一般要求项目公司做到护理人员持证上岗、培训合格率100%、护理员与入住老人配比得当，生活照料、用药护理等基础护理业务完备，护理质量良好，护理安全达标。该指标以护理人员投入、护理业务完备、护理质量与安全等进行评价。

医疗健康服务指标：该指标要求运营期应提供基础医疗服务与健康管理服务。一般要求项目公司应设置医疗机构或引入有相关资质与许可的医疗机构为入住老人提供医疗照护、健康教育和心理关怀等服务及相应药品。该指标以医疗服务资质与设施投入、医疗健康服务符合规范要求，保证医疗安全等进行评价。

餐饮服务指标：该指标要求运营期提供卫生健康的餐饮服务。一般要求项目公司应保障餐饮服务人员健康卫生、餐饮服务设施完备、餐饮膳食符合老年人饮食营养需求、厨房餐厅库房等卫生达标，原材料采购质量与成本均应符合标准要求。该指标从餐饮设施人员卫生情况、原材料供应、膳食达标等方面进行评价。

精神文化服务指标：该指标要求运营期提供休闲娱乐服务满足老年人精神生活需求。一般要求项目公司配备文体娱乐设施、定期举办休闲娱乐活动以丰富入住老人的精神生活。该指标从设施投入、文娱活动丰富度与适用性等方面进行评价。

2）物业管理指标。该指标要求提供符合养老要求的物业管理服务。一般要求项目公司物业管理提供舒适、安全卫生的养老环境，环境卫生、绿化管理、治安管理、消防管理等均符合要求。该指标从卫生、绿化、治安、消防等方面进行综合评价。

3）设施设备指标。该指标要求养老设施设备齐全并满足适老化要求，且运营期内维修及时。一般要求项目公司设施设备的配置合理、设施设备的完好性和维修及时性等均应得到保障。该指标从设施设备配置合理性、设施设备的完好性和维修及时性等方面进行评价。

（3）移交期绩效指标。移交完好的项目设施设备等以维持项目持续运营是移交期的核心目标，移交期一般会针对移交方案、设施设备可用性、完好性、人员培训等方面设置评价指标。该阶段指标设计相比于其他行业类项目，应重点关注人员的培训与运营方案移交，以保障移交后项目持续运营的质量。

3.绩效评价体系设置参考

运营期绩效指标体系见表5–13。

表5-13　运营期绩效指标体系

一级指标	二级指标	三级指标	指标解释
产出	养老照护	养老护理服务	资质与标准： 1.资质方面，项目公司应取得运营养老机构相关的许可或备案； 2.标准方面，按照当地养老机构管理办法的相关要求和标准进行本项目的运营
			人员培训： 1.包括但不限于护理人员业务素质和技能素质培训、职业道德培训、礼仪素养培训、职业技能培训； 2.护理员达到养老护理员国家职业技能标准或最新养老护理政策的相关要求； 3.建立“以老带新”机制
			人员管理： 1.主要负责人在岗时间； 2.养老护理员工作分配合理，工作责任范围明确到人； 3.护理员着装统一、形象良好； 4.护理员与入托老人比例符合当地民政局的要求
			护理服务管理： 1.根据中华人民共和国卫生行业标准《护理分级》WS/T 431—2013实行分级护理； 2.每天24小时有护理人员值班，建立每日护理人员查房制度，并有相关查房与交接记录
		医疗健康服务	无重大安全（医疗）事故
			项目公司自行内设医疗机构应取得卫生部门的许可，或引入有相关资质与许可的医疗机构。配备符合医疗机构设立要求的医疗人员及设施设备。同时，与有资质的医院建立绿色通道，保证医疗安全
			本项目应具备相关保健康复设施，并保证其可供正常使用
			在老人入住48小时之内按《病历书写基本规范》（卫医政发〔2010〕11号）建立健康档案，保留提供服务的文件、处方、医嘱和执行记录，按《医药卫生档案管理暂行办法》执行
			1.提供医疗服务人员均应按相关行业要求持证上岗； 2.各类专业技术人员应建立专业技术档案，定期参加继续教育
			医生应严格执行医疗常规和技术操作规程，为老年人提供疾病诊治、健康教育和心理关怀服务，并每天查房。护士应负责提供老年人医疗护理服务，协助医生开展疾病诊治和健康教育工作，医护人员应符合行业和当地技术服务规范和院内规章要求
		餐饮服务	餐饮服务人员、营养师必须持有法律规定的健康证、卫生知识培训合格证或上岗证等证件，符合《养老机构服务质量基本规范》GB/T 35796—2017的规定

续表

一级指标	二级指标	三级指标	指标解释
产出	养老照护	精神文化服务	1.定期举办院内休闲娱乐活动； 2.具备相关文体娱乐设施，并保证设施可供正常使用
	物业管理	绿化养护	各类绿化、花卉的保养、更换
		环境卫生	保持各场所、设施的清洁、卫生
		治安管理	无重大治安案件，一般治安案件每月不超过2起
			1.安保工作各责任范围明确到人。安保人员着装统一、工作仔细、形象良好，安保器材完备无损坏； 2.有专业保安队伍，实行24小时值班及巡逻制度； 3.严格履行出入登记制度
			1.做好重大活动、会议、接待的保卫工作； 2.维护公共秩序，机动灵活处理纠纷
		消防管理	无安全生产责任事故、无消防险情
			组织开展消防法规及消防知识的宣传教育，明确各区域防火责任人
			1.对全院的消防系统、器材严格按规定进行检查，如实填写工作记录，耗材消耗情况清楚，工作制度、规定、程序健全，有各种险情应急方案，确保系统状态良好； 2.人员要求符合《消防控制室通用技术要求》GB 25506—2010的相关要求，消防系统技术状态符合安全要求。设施设备齐全，完好无损，可随时启用； 3.消防管理人员须持《建（构）筑物消防员证》上岗
	设施设备	设施设备完好性	严密组织对设施设备的运行状态巡查，记录齐全
		维修及时性	1.制定设备安全运行操作规程和管理方案，实施岗位责任制，建立并执行维修档案管理制度； 2.对各种报修及时维修，确保工作正常
		人员安排	1.维修员工按规定技术要求聘用，各工种和岗位严格定人定岗，责任分配到人； 2.专业人员具备国家颁发的上岗证，坚决杜绝无证上岗
效果	生态影响	环保处罚	是否因项目公司原因收到相关部门处罚
	社会影响	法律纠纷	是否因项目公司原因导致与项目相关的法律纠纷
		群体性事件	是否因项目公司原因导致与项目相关的群体性事件
	可持续性	运行管理	是否因项目公司原因导致项目运行管理损害公共利益和公共安全

续表

一级指标	二级指标	三级指标	指标解释
效果	满意度	政府满意度	根据问卷调查结果评分
		客户满意度	聘请独立第三方机构调查，由项目公司委托并承担费用
		投诉	根据主管部门每月接到有效投诉次数占项目入住老人数比例进行评价
管理	组织管理	部门设置	根据项目实际运营管理需求设立相关部门或岗位
		人员配备	人员配备到位且满足资质要求
	财务管理	资金管理	资金管理使用符合项目合同和公司财务制度要求，无违法违规现象
		会计核算	会计核算真实、准确、完整和及时
	制度管理	管理制度	管理制度健全，包括养老照护管理制度、膳食管理制度、食品安全管理制度、医疗管理制度、文化娱乐活动管理制度、文档管理制度、财务管理制度、学习及培训制度、物业制度、卫生制度、安全管理制度、接待制度、设施设备管护制度、值班制度、采购制度、出入登记制度、生产经营制度、监督评价制度、人员聘用管理制度、营销管理制度、投诉管理制度等
		应急预案	建立重特大事故、消防、环境公害、人为破坏、传染病防控、群体事件、医护工作、安全保障等突发事件应急预案
	档案管理	制度建立	是否建立档案管理制度或制度内容明显缺失
		人员配备	配备档案管理人员
		资料完整	档案资料完整
	信息公开	及时性	是否因项目公司原因未按照相关部门规定及时公开信息
		完整性	信息公开是否完整

七、储备林建设

（一）行业概述

实施国家储备林建设，是对“绿水青山就是金山银山”科学理念的生动诠释，是推进生态文明建设的重要抓手，是精准提升森林质量的重要工程，也是国家“双碳”战略的重要实施路径之一。同时，对维护国家木材安全、实现乡村振兴具有重要意义。

2015年，国家林业局[1]出台了《国家储备林制度方案》和《国家储备林划定办法（试行）》，开始组织开展国家储备林划定工作，首次明确了国家储备林的准入条件、培育目标和近期规模，初步构建了国家储备林建设制度体系；2018年，国家林业和草原局出台了《国家储备林建设规划（2018—2035年）》（以下简称"《规划》"），进一步明确了国家储备林建设的总体思路、建设布局与建设内容。根据《规划》，到2020年，国家储备林管理制度体系基本建立；到2035年，实现一般用材基本自给。此外，国家林业和草原局与财政部联合下发了《关于做好国家储备林建设工作的通知》（办规字〔2015〕117号），与国家开发银行、中国农业发展银行签订了战略合作框架协议，下发了《关于加强合作共同推进国家储备林等重点领域建设发展的通知》（林规发〔2016〕115号）、《关于充分发挥农业政策性金融作用支持林业发展的意见》（林规发〔2016〕12号），争取给予国家储备林、林业扶贫等项目最低资本金比例政策，提供中长期优惠贷款（贷款期限最长30年，宽限期最长8年，执行基准利率，最低资本金率20%），在广西、江西、湖南等省（区）试点推进开展国家储备林等项目，探索统贷主体林权抵押模式、PPP模式。

截至2020年底，已有超过150个储备林PPP项目进入PPP综合信息平台管理库，其中超过50个已进入执行阶段。

（二）绩效评价体系设置

1.建设期考核

结合项目建设内容和相关的技术规范，从项目管理（组织管理、财务管理、制度管理和采购管理等）、项目产出（勘察设计、工程进度、质量控制、投资控制和安全施工等）和项目效果（生态效益、扶贫效益和社会满意度）等多个方面设置指标并进行评价。

2.运营期考核

通常运营期绩效考核可选取公司管理（组织管理、财务管理、档案管理等）、人工造林（生长指标、作业质量、成活率、郁闭度等）、迹地更新率、林木抚育、森林保护（应急预案、防范措施和人员配置等）、安全管理、社会效益（生态效益、扶贫效益和社会满意度）等指标。

不同储备林项目的经济收益差别巨大，对于采用使用者付费为回报机制的项目，绩效考核结果可以根据绩效考核扣分情况对应不同数额的违约金赔偿或运营维护保函提取的约定，由项目公司（社会资本）向政府方支付违约金或政府方提取相应的运营维护保

[1] 国家林业局，现为国家林业和草原局，根据2018年3月国务院机构改革方案，组建了国家林业和草原局。

函，情节特别严重的，政府方有权启动提前终止程序。

（三）绩效指标体系——以F县国家储备林扶贫PPP项目为例

1.项目基本信息

项目基本信息见表5-14。

表5-14　项目基本信息

项目名称	F县国家储备林扶贫PPP项目
所属行业/领域	林业
项目实施机构	F县自然资源和规划局
运作方式	BOT
项目合作期限	30年
项目总投资	40亿元
项目合作内容和范围	储备林营造林（桉树、杉树等）50万亩，配套基础设施工程（产业扶贫路、林区道路、旋切基地等）
回报机制	使用者付费
项目公司收入来源	营造林木材及林下经济销售收入

2.绩效评价考核周期和结果

在项目建设期，鉴于储备林项目建设期时间较长，可每年度进行一次常规考核。根据考核结果，实施机构将采取提取项目建设履约保函下的相应金额或者要求项目公司（社会资本）支付违约金等方式，并责成项目公司（社会资本）进行整改。

在项目运营期，建议每年度进行一次常规考核。可参照国家、地方及行业相关规定，并结合本项目具体情况，设置相应的考核指标及评分标准。

本项目为使用者付费项目，绩效考核结果可以根据绩效考核扣分情况对应不同数额的违约金赔偿或运营维护保函提取的约定，由项目公司（社会资本）向政府方支付违约金或政府方提取相应的运营维护保函，情节特别严重将可能引发提前终止条款。

3.绩效评价体系设置参考

（1）建设期绩效指标体系见表5-15。

表5-15　建设期绩效指标体系

一级指标	二级指标	三级指标	指标解释
项目管理	组织管理	前期管理	项目前期资料和手续的合法合规性、及时性和有效性，与林农、政府部门等相关主体沟通协调顺畅，满足项目需求
		人员配备	配备的技术人员数量和专业程度
		内控制度	认真及时做好项目管理台账，按时上报管理月报；收集管理好工程资料等
	财务管理	资本金及时到位	项目公司（社会资本）根据协议约定及时出资到位
		财务监控有效性	财务管理制度符合项目特点，且能在本项目中有效执行
	制度管理	项目制度健全性	包括财务（资产）管理、工程管理、质量管理、安全管理制度的健全性
		管理制度执行有效性	各项制度在实际工作中得到有效执行
	采购管理	采购需求的合理性	工程、设备、原材料等的采购需求与项目实际需求一致，满足相关规定
		采购程序的合规性	工程承包、设备和原材料的采购程序合法合规
项目产出	勘察设计	合规性	贯彻执行国家建设方针、政策及现行各级标准、规范和规程规定，包括但不限于：《中华人民共和国森林法》、《中华人民共和国森林法实施条例》（国务院令第278号）、《造林作业设计规程》LY/T 1607—2003、《主要造林树种苗木质量分级》GB 6000—1999、《全国木材战略储备生产基地建设年度施工作业设计管理办法（试行）》、《国家储备林划定办法（试行）》（办丰字〔2014〕43号）、《营造林总体设计规程》GB/T 15782—2009、《森林资源规划设计调查技术规程》GB/T 26424—2010、FSC（森林管理委员会）原则和标准等
		有效性	勘察设计符合项目特点和要求，符合当地经济社会发展需求，是否充分利用空间、资源和地区优势，是否体现集约化、规模化、科学现代化等要求，设计质量是否优良
	工程进度	进度控制	按时编制合理科学的施工总进度计划、月度、季度或年度计划并按照计划执行
		项目完成及时率	与项目计划比较，项目实际完工的比率，是否及时完工
	质量控制	造林施工质量	造林作业和幼龄林抚育满足相关的技术规程和标准，工程质量一次性验收合格。技术标准包括但不限于：《森林采伐作业规程》LY/T 1646—2005、《速生丰产用材林培育技术规程》LY/T 1706—2007、《低效林改造技术规程》LY/T 1690—2007、《短轮伐期和速生丰产用材林采伐作业规程》LY/T 1724—2008、《人工造林质量评价指标》LY/T 1844—2009、《全国木材战略储备生产基地现有林改培技术规程（试行）》、《森林抚育规程》GB/T 15781—2015、《造林技术规程》GB/T 15776—2016、《造林质量管理暂行办法》、《大径级用材林培育导则》LY/T 2118—2013等

续表

一级指标	二级指标	三级指标	指标解释
项目产出	质量控制	配套基础设施质量	建设工程施工质量水平满足设计要求，达到工程一次交验合格率100%
	投资控制	融资资金到位情况	考察根据PPP项目合同规定的融资资金的到位及时性、到位率及合规性
		成本控制	有效的成本控制，成本风险预警及应对措施
	安全施工	保险	购买合同约定的建设期的保险险种
		生产	按照相关安全生产标准和规范进行安全生产，进行安全文明施工，安全事故发生次数及处理情况
项目效果	生态效益	环境保护	根据《中华人民共和国环境影响评价法》、《中华人民共和国水土保持法》、《建设项目环境保护管理条例》（国务院令第253号）等规定，主要考核对水土流失、环境污染、生物多样性、土壤肥力、生态功能等方面的措施与效果
	扶贫效益	帮扶贫困	项目实施带动的就业和脱贫情况
	社会满意度	社会公众满意度	当地居民对项目实施过程和项目验收等的满意度，根据实际情况来确定加分或减分

（2）运营期绩效指标体系见表5-16。

表5-16　运营期绩效指标体系

一级指标	二级指标	三级指标	指标解释
公司管理	组织管理	—	公司治理结构和各项管理制度健全，配备的技术人员数量和专业程度满足本项目需要，职责到位，以及制度执行的效率效果
	财务管理	—	财务制度健全，符合国家规定的财务管理和会计核算要求，成本收益核算清晰，资金使用合理
	档案管理	—	项目用地资料、项目运营维护计划、运行维护台账和各类合同等档案资料健全性
运营维护管理	人工造林	生长指标	合作范围内的各树种达到相应树种速生丰产林标准的生长指标
		作业质量	林地准备、栽植树种、密度、苗木规格、植苗方法等与设计一致程度
		成活率	成活率达到90%以上
		郁闭度	抚育后的林木郁闭度达到设计要求
	迹地更新率	—	上年的迹地更新率达到90%以上，皆伐迹地更新率达到95%以上

续表

一级指标	二级指标	三级指标	指标解释
运营维护管理	林木抚育	—	抚育采伐作业是否满足相应品种时间和频率的要求，按规定程序报批、按照操作规程实施并做好记录
		—	因病虫害、自然生长不良或其他原因清除造成的林空或天窗位置是否及时进行补植
		—	林区内是否定期监测、按期科学施肥，是否出现明显的土壤不良、贫瘠欠肥的情况
		—	林区内是否根据实际需要或随施肥作业实施浇水，是否出现林木长期受旱或过度浇水的情况
		—	林区内是否根据实际情况进行割灌除草作业
		—	林区内是否出现未及时清理的肥料农药包装物、生活垃圾等固体废弃物
	森林保护	应急预案	制定有国家储备林《突发有害生物事件应急预案》，完善应急组织体系建设，建立有应急防控机制；构建有检疫除害处理系统、应急防控系统、信息传输处理系统
		防范措施	做好森林防火防范措施，加强场地内可燃物管理，规范施工作业。对起火源（如电线接头、配电箱、吸烟区）进行严查严控。在易着火区域挂警示牌严禁吸烟，并避免电源线穿入其中。严格管理野外用火，在普遍防范的基础上，做好主要火源的全方位管理，做到专人负责看守。在项目区边界设置森林防火警示标志，对进入经营范围的人员进行森林防火安全警示。加强对周边社区群众的森林防火宣传教育，提高火灾安全防范意识。加强管护责任片区内所有设施（如堡坎、护坡等）、植物（特别是高大乔木）的巡视、巡查工作。及时发现、汇报、处置、跟踪安全隐患，杜绝安全事故发生。对毁林行为，及时发现、制止和报告
		人员配置	配备有专职人员从事国家储备林防护工作，配有专职的防火人员，24小时值班，有24小时抢险联系电话，遇险情必须在30分钟内到现场；遇台风、暴雨暴风等恶劣天气及时启动安全预案，进行巡查，消除各类安全隐患，保护基地林木成果。基地林木受交通事故或人为破坏的，应在24小时内处置
	安全管理	—	因树木倒伏、枝条断裂，影响到车辆行人安全通行的情况，主干道1小时内、次干道2小时内必须完成抢险处置
		—	作业机具必须按照要求正确使用，避免因操作不当引起意外事故的发生
		—	对植物进行浇灌、喷施药物、肥料，应避免伤害行人
		—	应急事件发生时，是否存在没有及时启动应急处理机制，并造成不良后果的情况
	成本效益	—	年度项目成本控制、收入管理及收益分享的情况

续表

一级指标	二级指标	三级指标	指标解释
社会效益	生态效益	环境保护	考核对水土流失、环境污染、生物多样性、土壤肥力、生态功能等方面的措施与效果
	扶贫效益	帮扶贫困	项目实施带动的就业和脱贫情况
	社会满意度	社会公众满意度	当地居民对项目实施过程和项目验收等的满意度，根据实际情况来确定加分或减分